프로그래밍
이론과 실습

Python & C for Engineering Students

Programming Languages: Theory and Practice

프로그래밍
이론과 실습

Python & C for Engineering Students

Hanyang University
Innovation Center
For Engineering Education

원정임·조호성 지음

HANYANG UNIVERSITY PRESS

머리말

인공지능, 딥러닝, 메타버스, XR(eXtended Reality) 등 4차 산업혁명의 기술들은 앞으로 우리의 생활을 좀 더 윤택하고 여유롭게 만들 플랫폼으로 성장할 것으로 예상됩니다.

20년 전 처음 보급된 인터넷이 우리의 삶을 다채롭게 변화시킨 것을 생각해보면 앞으로 4차 산업혁명 기술이 바꾸어 놓을 미래의 모습은 쉽게 상상이 가지 않습니다.

이를 대비하고 적응하기 위해서는 AI와 SW에 대한 지식을 함양해야 하는데, 그 첫걸음으로 컴퓨터 프로그래밍 교과는 반드시 배워야 하는 중요한 과목이라고 생각됩니다.

이에 공학도를 위한 창의적 컴퓨팅 과목에서는 컴퓨터 프로그램에 대한 거부감을 줄이고 전공분야에서 인공지능 기술을 활용해 볼 수 있도록 Python 과 C 프로그래밍 언어의 학습을 위한 교재를 개발하게 되었습니다.

본 교재가 컴퓨터 프로그래밍을 배워야 하는 공과대학생들에게 도움이 되기를 바랍니다. 교재 개발에 많은 도움을 주신 한양대학교 공과대학 공학교육혁신센터와 한양대학교 출판부에 깊은 감사를 드립니다.

2022년 2월

저자 일동

차례

1	프로그래밍 시작하기	007
2	고객 설문조사	021
3	두더지찾기 게임 1	039
4	가위바위보 게임 1	057
5	두더지찾기 게임 2	079
6	가위바위보 게임 2	099
7	지뢰찾기 게임	117
8	선택 정렬과 이진 검색	139
9	369 게임	161
10	재고관리 프로그램	181
11	성적처리 프로그램	201
12	C 프로그래밍 언어	219

Chapter 1

프로그래밍 시작하기

이번 장에서는 다음과 같은 내용을 학습합니다.

프로그래밍 소개 및 실습 환경 구축하기
프로그램 시작하기
연산식과 형변환

프로그래밍 소개 및 실습 환경 구축하기

프로그램(program)은 컴퓨터가 특정 작업(specific task)을 수행하기 위해 실행되는 명령어들의 모음이다. 이 명령어들은 컴퓨터가 이해할 수 있는 프로그래밍 언어(programming language)로 작성되며 프로그래밍 언어의 종류에는 C/C++, 자바(Java), 파이썬(Python) 등이 있다.

파이썬은 문법이 간단하여 초보자가 배우기 쉬우면서 복잡한 기능도 구현할 수 있어 널리 사용되고 있다. 파이썬은 1991년 네덜란드 프로그래머인 귀도 반 로섬(Guido Van Rossum)이 발표한 대화형 객체지향 프로그래밍 언어로 파이썬2와 파이썬3가 있다.

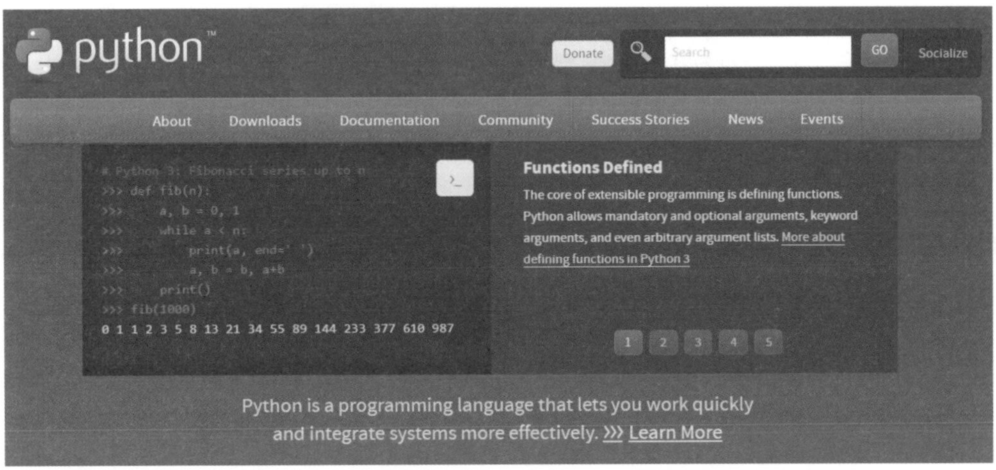

파이썬 공식 홈페이지(https://www.python.org/)

파이썬 프로그램 개발도구로는 파이썬 아이들(IDLE, interactive development language environment)을 사용하며 파이썬 공식 홈페이지(https://www.python.org/)의 Downloads 메뉴에서 내려 받을 수 있다.

내려 받은 설치파일을 실행하여 설치가 완료되며 설치경로는 "C:\Users\(사용자명)\AppData\Local\Programs\Python\"이다.

프로그램 시작하기

윈도우즈(MS windows)에서 파이썬 아이들을 실행하려면 시작버튼을 클릭하여 프로그램 폴더 중에 Python 폴더를 선택하고 하위에 IDLE을 클릭한다.

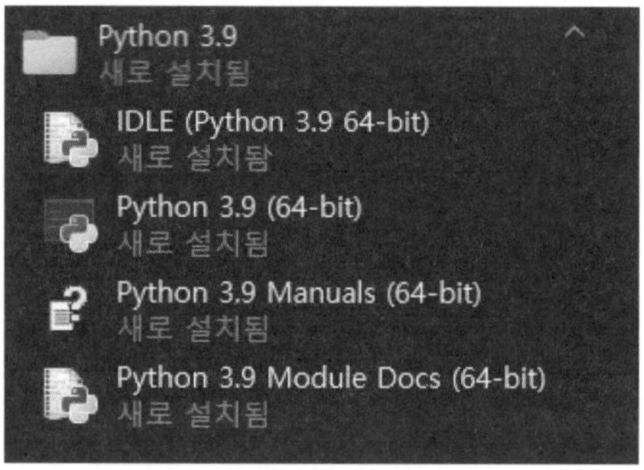

윈도우즈 프로그램 폴더의 Python 3.9 폴더

IDLE을 클릭하면 아래와 같은 쉘창(shell window)이 실행되며, 쉘창에는 쉘 프롬프트(>>>)에 입력된 명령어의 결과나 스크립트창의 결과가 출력된다.

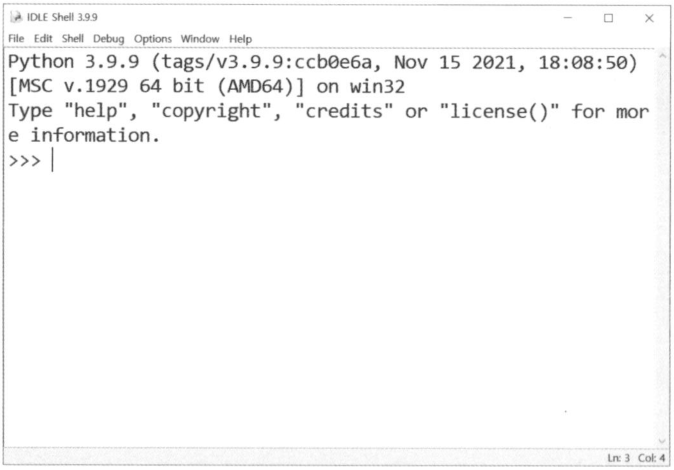

쉘창의 실행화면

쉘창에서의 실행결과

```
>>> 'Hello Python'
'Hello Python'
>>>
```

스크립트창(script window)에서는 프로그램에 대한 소스코드(source code)를 작성하거나 수정, 실행할 수 있다. 프로그램은 기능에 따라 수십~수만 줄의 소스코드로 구성되는데 이를 효율적으로 작성하기 위해서는 스크립트창을 사용하는 것이 편리하다.

스크립트창을 만들려면 쉘창 메뉴의 File 〉 New File을 선택한다. 스크립트창에서 소스코드를 작성한 후 File 〉 Save를 선택하여 파일을 저장한다. 저장 후 메뉴에서 Run 〉 Run Module을 선택하거나 단축키 F5를 누르면 쉘창에서 소스코드의 실행 결과를 확인할 수 있다.

스크립트창에서 작성된 소스코드

```
print('Hello Python')
```

쉘창에서 확인된 실행결과

```
Hello Python
>>>
```

연산식과 형변환

프로그램에서 계산을 하려면 연산식(expression)을 사용해야 한다. 연산식은 연산자(operator)와 피연산자(operand)로 구성되며, 연산자에는 산술연산자, 비교연산자, 논리연산자 등이 있고 피연산자에는 상수와 변수가 있다. 산술연산자와 이에 대한 연산 예시는 다음과 같다.

연산자	의미	예시	결과
+	덧셈	5 + 2 'Hi' + 'Hi'	7 'HiHi'
-	뺄셈	5 - 2	3
*	곱셈	5 * 2 'Hi' * 3	10 'HiHiHi'
/	나눗셈	5 / 2	2.5
//	나눗셈(몫)	5 // 2	2
%	나눗셈(나머지)	5 % 2	1
**	지수승	5 ** 2	25

tip

^(caret)은 지수승 연산자가 아니며, 나눗셈(/) 연산자의 연산 결과는 실수이다.

피연산자는 상수(constant)와 변수(variable)로 구분된다. 상수는 프로그램이 실행되는 동안 변하지 않는 값으로 정수(integer), 실수(floating point number), 문자열(string)이 있다. 변수는 프로그램이 실행되는 동안 변하는 값이나 실행되기 전에는 알 수 없는 값을 지칭하는 이름이다. 변수명은 영문자와 숫자, _(underscore)로 구성되며, 첫 글자로 숫자가 올 수 없으며 띄어쓰기가 불가능하다. 대소문자를 구분하고 영문자와 숫자의 혼용은 가능하다. 한글도 가능하지만 사용을 권장하지 않는다. 변수명을 저장되는 값의 의미나 특성을 파악하기 쉽도록 만들면 소스코드의 가

독성이 높아진다. 예를 들어 학생의 키를 저장한다면 'student_height'처럼 단어를 조합하면 편리하다.

변수에 값을 지정(assignment)하기 위해서는 =(등호)를 사용한다. 변수에는 정수, 실수, 문자열 등의 값을 지정할 수 있다. 'number=10'은 number라는 이름을 가진 변수에 정수값 10을 저장하라는 뜻이다. 일반적으로 변수는 1개의 값만 저장할 수 있어서 동일한 변수에 값을 여러 번 저장하면 덮어쓰기가 되어 기존 값은 지워지고 마지막 값이 변수에 저장된다.

피연산자	종류	예시
상수	정수	2, 3, 0, -7, 11
	실수	1.5, 3.7, -4.71, 3.0
	문자열	'안녕', 'Python', '456'
변수	-	num, _test, student010

프로그램 실행 중에는 주어진 값을 정수, 실수, 문자열로 변형해야 하는 경우가 있으며 이 기능을 형변환(casting)이라고 한다. 형변환 함수로는 int( ), float( ), str( )이 있다.

종류	의미	예시
int( )	괄호 안의 값을 정수로 변환	int('456'), int(34.5)
float( )	괄호 안의 값을 실수로 변환	float('15.712'), float(15)
str( )	괄호 안의 값을 문자열로 변환	str(123), str(18.3)

형변환 함수의 괄호 안에는 값이 저장된 변수도 쓸 수 있다. 괄호 안에 잘못된 값이나 변수를 쓰는 경우 오류(error)가 발생한다. 예를 들어, int('Hello'), float('십점오'), int('4.5')를 실행하면 오류가 발생한다.

예시문제

```
>>> 10 + 5 - 20

>>> 10 - 5 * 20

>>> (10 - 5) * 20

>>> 10 / 5

>>> eng = 80
>>> math = 90
>>> total = eng + math
>>> ave = total / 2
>>> ave

>>> pizza = 5000
>>> pizza * 2
>>> pizza

>>> 'python' + 'program'

>>> firstName = '라임'
>>> lastName = '박'
>>> Name = firstName + lastName
>>> Name

>>> int(3.75) + float(5)

>>> num1 = num2 = 10
>>> num1, num2

>>> num1, num2 = 10, 20
>>> num1, num2
```

연습문제

1. 변수명 생성 규칙에 맞추어 다음과 같은 값을 저장하기 위한 변수들을 생성해보세요.
   - 학생 5명의 중간고사 성적과 기말고사 성적을 저장하는 변수들
   - 가족 5명의 전화번호를 저장하는 변수들
   - 고양이 3마리와 강아지 3마리의 생년월일을 저장하는 변수들

2. 아래 코드의 실행결과를 쓰세요. 오류가 발생하면 오류라고 쓰세요.

```
>>> time = 10
```

실행결과:

```
>>> _time = 10
```

실행결과:

```
>>> 10times = 20
```

실행결과:

```
>>> num1 = 100
>>> num2 = 200
>>> num1 + num2 = num3
```

실행결과:

```
>>> number = 10
>>> number = 137.8
>>> number = 'python is fun.'
>>> number
```

실행결과:

```
>>> num1 = 10.5
>>> num2 = 20.2
>>> num3 = int(num1) + int(num2)
>>> num1, num2, num3
```

실행결과:

```
>>> '안녕' + 5
```

실행결과:

```
>>> '안녕' + str(5)
```

실행결과:

실습문제

아래와 같은 실행결과가 나오도록 쉘창에서 소스코드를 작성하세요.

1. 변수 x의 값이 4일 때, 이차방정식 $x^2 + 2x + 5$의 값을 출력하세요.

실행결과

```
29
```

2. '안녕!'을 5번 출력하세요.

실행결과

```
'안녕!안녕!안녕!안녕!안녕!'
```

3. 이름이 language인 변수에 문자열 'Python'을 저장하고, 이름이 version인 변수에는 문자열 '3.9.6'을 저장한 후, 이들 변수를 이용하여 'Python 3.9.6'을 출력하세요.

실행결과

```
'Python 3.9.6'
```

4. 섭씨온도 32℃를 변환 공식을 이용하여 화씨온도 °F로 변환하여 출력하세요.

변환 공식: F = (9 / 5) * C + 32

실행결과

```
89.6
```

5. 반지름 r이 5이고 π가 3.14일 때 원면적과 원둘레를 출력하세요.

원면적: πr^2
원둘레: $2\pi r$

실행결과

```
(78.5, 31.400000000000002)
```

6. 10,000초가 몇 시(hours), 몇 분(minutes), 몇 초(seconds)인지로 변환하여 출력하세요.

실행결과

```
(2, 46, 40)
```

Summary

Chapter 1에서는 프로그래밍의 개념과 연산식, 상수와 변수에 대해서 알아보았다. 주요 내용은 다음과 같다.

- 프로그램은 특정 작업을 수행하기 위해서 컴퓨터가 이해하는 Python, C/C++, Java 등과 같은 프로그래밍 언어의 명령어들을 모아놓은 것이다.
- 프로그램에서 계산을 위해 사용하는 연산식은 연산자와 피연산자로 구성이 된다.
- 연산자에는 산술연산자, 비교연산자, 논리연산자 등이 있으며 계산순서에는 우선순위가 있다.
- 피연산자에는 상수와 변수가 있으며 상수에는 정수, 실수, 문자열이 있다.
- 형변환 함수로 int( ), float( ), str( )이 있다.

Chapter 2

고객 설문조사

이번 장에서는 다음과 같은 내용을 학습합니다.

고객 설문조사 소개

입력 함수와 출력 함수 – input( ), print( )

입력과 출력 응용 – 주석, 멀티라인 문자열, 이스케이프 문자

고객 설문조사

2장에서는 고객 설문조사 프로그램을 통해 입력 함수와 출력 함수, 주석(comment)과 멀티라인 문자열(multi-line string), 이스케이프 문자(escape character)에 대해 학습한다.

프로그램의 소스코드

```
# 고객 설문조사 기본 형식 안내
# 인사말과 소개
print('''안녕하세요? 반갑습니다.
고객이 최고다! 고객만족! HU전자 마켓 리서치 센터입니다.
스마트폰 사용과 구매에 대한 설문조사를 시작하겠습니다.''')

# 고객 기본 정보 수집
print( )
print('Q1. 고객님의 나이대는 어떻게 되십니까?')
ages = int(input( ))
print('Q2. 고객님의 성별은 무엇입니까?')
gender = input( )
print('Q3. 고객님의 주거지는 어디입니까?')
addr = input( )

# 보유 스마트폰 정보 확인
print( )
print('-- 보유하신 스마트폰에 대한 질문입니다.')
manuf = input('Q4. 제조사는 어디입니까? ')
year = int(input('Q5. 구입년도는 언제입니까? '))

```

```
22 # 신규 제품 구매 정보 확인
23 print( )
24 print('-- 신규 제품 구매에 대한 질문입니다.')
25 plan = input('Q6. 향후 1년 안에 신규 제품 구매 계획이 이신가요? ')
26 size = float(input('Q7. 화면크기를 골라주세요(4.7/5.4/6.2): '))
27 color = input('Q8. 제품의 색상은 어떤 것을 희망하시나요? ')
28
29 # 고객 정보 출력
30 print('\n고객님은 ',addr,'에 거주하는',ages,'대',gender,'성입니다.')
31 print('보유 제품은 %d 년에 구입한 %s 제품입니다.' %(year, manuf))
32 print('희망 제품은 %s 색상에 %.1f 인치입니다.' %(color, size))
33
34 # 맺음말
35 print('\n**설문조사에 참여해주셔서 감사합니다.**')
```

소스코드 설명 줄 1은 프로그램에 대한 설명을 기술한 주석이다. 줄 2~5는 설문조사에 대한 인사말을 멀티라인 문자열로 출력한다. 줄 7~32는 설문조사를 실행하는 부분으로 설문에 대한 질문은 print( ) 함수로 출력하고, 사용자의 질문에 대한 답변은 input( ) 함수로 입력한다. 줄 7~14는 고객의 기본 정보를 수집하는 설문으로 나이는 정수로 입력받아 변수 ages에 저장하고, 성별과 주거지는 문자열로 입력받아 각각 변수 gender와 변수 addr에 저장한다. 줄 16~20은 고객이 현재 보유하고 있는 스마트폰에 대한 정보를 수집하는 설문으로, 제조사는 문자열로 입력받고, 구입년도는 정수로 입력받아 각각 변수 manuf와 변수 year에 저장한다. 줄 22~27은 신규 제품 구매에 대한 설문으로 구매 계획은 문자열로 입력받아 변수 plan에 저장하고, 화면크기는 실수로 입력받아 변수 size에 저장한다. 또한, 색상은 문자열로 입력받아 변수 color에 저장한다. 줄 29~32는 위 설문에 대한 답변을 저장한 각 변수들의 값을 다양한 포맷 변환 문자를 사용하여 출력하는 부분이다. 줄 34~35는 설문조사의 맺음말을 출력한다.

실행결과 설명 프로그램 실행 결과에서 설문에 대한 질문 Q1~Q3은 print( ) 함수로 작성되어 자동 줄 바뀜이 된 후에 질문에 대한 답변을 사용자가 입력한 것이다. 질문 Q4~Q8은 질문이 input( ) 함수의 괄호 안에 작성되어 줄 바뀜이 되지 않았기 때문에 답변을 질문 바로 옆에서 사용자가 입력한 것이다. 사용자의 답변은 값을 입력한 후 엔터(enter) 키를 누르면 변수에 저장된다. 변수에 저장된 값을 자료형에 맞는 포맷 변환 문자를 사용하여 출력하였다.

프로그램 실행결과

```
안녕하세요? 반갑습니다.
고객이 최고다! 고객만족! "HU전자" 마켓 리서치 센터입니다.
스마트폰 사용과 구매에 대한 설문조사를 시작하겠습니다.

Q1. 고객님의 나이대는 어떻게 되십니까?
20
Q2. 고객님의 성별은 무엇입니까?
여
Q3. 고객님의 주거지는 어디입니까?
서울

-- 보유하신 스마트폰에 대한 질문입니다.
Q4. 제조사는 어디입니까? HU전자
Q5. 구입년도는 언제입니까? 2020

-- 신규 제품 구매에 대한 질문입니다.
Q6. 향후 1년 안에 신규 제품 구매 계획이 이신가요? 예
Q7. 화면크기를 골라주세요(4.7/5.4/6.2): 4.7
Q8. 제품의 색상은 어떤 것을 희망하시나요? 흰색

고객님은  서울 에 거주하는 20 대 여 성입니다.
보유 제품은 2020 년에 구입한 HU전자 제품입니다.
희망 제품은 흰색 색상에 4.7 인치입니다.

**설문조사에 참여해주셔서 감사합니다.**
```

입력 함수와 출력 함수

프로그램은 컴퓨터가 특정 작업을 수행하도록 구성해 놓은 명령어들의 모음인데 이 작업을 원활히 수행하기 위해서는 사용자로부터 자료를 입력받거나 프로그램의 결과를 화면에 출력하는 기능 등이 필요하다. 파이썬에서는 입력과 출력을 위해서 input( )과 print( ) 함수를 사용한다.

함수	의미
input( )	사용자로부터 키보드를 통해 문자열을 입력받는다. 실행이 되면 키보드를 통해 사용자로부터 값을 입력받기 위해 대기하다가 사용자가 값을 입력하고 엔터(enter)키를 누르면 엔터 키를 누르기 전까지 입력된 내용을 반환한다.
print( )	괄호 안의 내용을 화면에 출력한다. 괄호 안에는 변수, 상수, 연산식, 함수의 반환값 등이 기입될 수 있다.

input( ) 함수는 단독으로 사용되기보다는 'user_txt = input( )'와 같이 input( ) 함수의 반환값을 변수에 저장하는 형태로 주로 사용된다. 또한 'name = input('what is your name?')'와 같이 괄호 안에 문자열을 추가하면 문자열을 화면에 출력한 후 사용자로부터 입력 값을 받을 수 있다.

print( ) 함수의 괄호 안에는 변수나 상수를 기입하여 출력할 수 있는데 print('python' + str(3.9) + '설치하기')와 같이 여러 개의 값을 하나로 만들어서 출력하려면, str( ) 함수로 각 값들을 문자열로 만든 후 덧셈연산(+)을 하여 하나의 문자열로 만들면 된다. 또한 print('python', 3.9, '설치하기')와 같이 여러 항목의 값을 기입할 수 있으며 이때 각 값은 쉼표로 구분되며 출력되는 각 항목들 사이에는 공백이 추가된다.

의미	사용 예시	실행결과
변수에 입력받은 값을 저장하기	user_txt = input( )	python >>>
메시지를 출력한 후 입력 값 받기	name = input('what is your name? ')	what is your name? python >>>
하나의 문자열값으로 만들어서 출력하기	print('python' + str(3.9) + '설치하기')	python3.9설치하기 >>>
여러 개의 항목값으로 출력하기	print('python', 3.9, '설치하기')	python 3.9 설치하기 >>>

입력과 출력 응용

주석(comment)은 소스코드에서 프로그램에 대한 설명을 작성할 때 사용한다. #(pound) 기호를 적고 작성하며 # 기호 이후 부분은 실행되지 않는다. 주석에서는 프로그램의 작성자, 작성일, 프로그램의 목적과 사용법 등 작성자가 필요하다고 생각되는 내용들을 모두 작성할 수 있다. 아래는 주석의 예시이다.

```
#주석달기
#고객 설문조사 기본 형식 안내 (2021.10)
#1.인사말, 2.고객정보수집, 3.보유스마트폰정보, 4.신규제품구매정보

'''멀티라인 주석달기
고객 설문조사 기본 형식 안내 (2021.10)
1.인사말, 2.고객정보수집, 3.보유스마트폰정보, 4.신규제품구매정보'''
```

print( ) 함수는 괄호 안의 내용을 출력하고 줄바꿈을 수행한다. 문자열을 여러 줄 출력해야 하는 경우에는 print( ) 함수를 여러 번 반복해서 사용해야 하는 불편이 있다. 멀티라인 문자열(multi-line string)은 따옴표 3개에 둘러싸인 문자열로 print( )의 괄호 안에 멀티라인 문자열을 기입하면 화면에 보이는 그대로 출력된다.

```
print('안녕하세요? 반갑습니다.')
print('고객이 최고다! 고객만족! HU전자 마켓 리서치 센터입니다.')
print('스마트폰 사용과 구매에 대한 설문조사를 시작하겠습니다.')

print('''안녕하세요? 반갑습니다.
고객이 최고다! 고객만족! HU전자 마켓 리서치 센터입니다.
스마트폰 사용과 구매에 대한 설문조사를 시작하겠습니다.''')
```

print( ) 함수에서 문자열 출력 시에 아래와 같은 이스케이프 문자(escape character)를 함께 사용할 수 있다.

이스케이프 문자	의미
\\	역슬래시, backslash
\’	작은따옴표, single quote
\”	큰따옴표, double quote
\n	새 줄, 개행 문자, linefeed
\t	탭 문자, horizontal tab

tip

선택된 글자체에 따라 다른 기호로 표시되기도 한다. 백슬래시 (\)는 영문에서는 동일하게 표시되지만 한글에서는 원화기호(₩)로 표시된다.

또한, 출력되는 값의 자료형에 따라 아래와 같은 포맷변환 문자를 print( ) 함수 안에서 사용할 수 있다.

포맷변환	설명
%d	10진(decimal) 정수형 값으로 변환
%o	8진(octal) 정수형 값으로 변환
%x	16진(hexa) 정수형 값으로 변환
%f	실수(float)형 값으로 변환
%c	문자(character)형 값으로 변환
%s	문자열(string)형 값으로 변환

예시문제

```
#1
name = input('당신의 이름을 말해주세요 ')
print('\"', name, '\"', '님 만나서 반갑습니다.')

#2
num1 = int(input('첫 번째 정수 입력: '))
num2 = int(input('두 번째 정수 입력: '))
num3 = num1 + num2
print(num1, '+', num2, '=', num3)

#3
inch = float(input('인치를 실수값으로 입력: '))
cm = inch * 2.54
print(inch, '는', cm, '입니다')

#4
name = '강우진'
age = 23
weight = 75.9
height = 1.8
print('%s님의 나이는 %d 입니다.' %(name, age))
print('몸무게는 %f kg이고, 키는 %.1f m입니다.' %(weight, height))
```

연습문제

1. 아래 코드의 실행결과를 쓰세요. 오류가 발생하면 오류라고 쓰세요.

```
print('이름?')
name = input( )
print('학과?')
dept = input( )
print(name, '님은', dept, '학과의 학생입니다.')
```

실행결과:

```
color = input('좋아하는 색: ')
fruit = input('좋아하는 과일: ')
animal = input('좋아하는 동물: ')
print( )
print('---당신이 좋아하는 것들---')
print('색: ', color)
print('과일: ', fruit)
print('동물: ', animal)
```

실행결과:

```
num1 = input('숫자 입력: ')
num2 = input('숫자 입력: ')
num3 = num1 + num2
print('두 수의 합은', num3, '입니다.')
```

실행결과:

```
n3 = n1 + n2
n1 = int(input('숫자 입력: '))
n2 = int(input('숫자 입력: '))
print('두 수의 합은', n3, '입니다.')
```

실행결과:

```
num = 20
print('%d을 8진수로 변환하면 %o입니다' %(num, num))
print('%d을 16진수로 변환하면 %x입니다' %(num, num))
```

실행결과:

```
print("JuHyun's Sketchbook")
print('JuHyun\'s Sketchbook')
print('10 20 30')
print('10\t20\t30')
print('\n')
print('"Python" is fun')
```

실행결과:

실습문제

1. 프로그램 학습 전 사전 인터뷰를 하고자 합니다. 다음과 같이 실행되도록 프로그램을 작성하세요.

실행결과

```
이름이 무엇인가요? 박한솔
전공 분야는 무엇인가요? 생명공학
프로그램 언어를 배운 적이 있나요(예/아니오)? 예
프로그램 언어를 배운 적이 있다면 몇 년 정도 인가요(0/1/2)? 1
프로그램 언어(C/C++, Java, Python) 중 들어본 것이 있나요? Python
이번 학기 예상되는 학점의 평점은 어떻게 되나요? 3.5
```

2. 체중과 신장을 실수로 입력받아, 신체질량지수 BMI(Body Mass Index)를 계산하여 출력하는 프로그램을 작성하세요.

BMI = 몸무게(kg) / 키(m)^2

실행결과 | 60.5와 1.78을 입력한 경우

```
체중을 입력하세요(kg): 60.5
신장을 입력하세요(m): 1.78
당신의 BMI는 19.09481126120439입니다.
```

3. 밑변과 높이를 입력받아 삼각형의 면적을 구하여 출력하는 프로그램을 작성하세요.

삼각형 면적 = (밑변 * 높이) / 2

실행결과 | 10과 20을 입력한 경우

```
밑변: 10
높이: 20
삼각형 면적: 100.0
```

4. 이름과 필기 점수, 실기 점수를 입력받아 총점과 평균을 구하여 출력하는 프로그램을 작성하세요. 단, 평균은 소수점 첫째 자리까지 출력하고, 값과 값 사이의 공백은 탭(\t)으로 조정한다.

실행결과 | 한사랑과 90, 85를 입력한 경우

```
이름 입력: 한사랑
필기점수 입력: 90
실기점수 입력: 85
----------------------------------------
이름	필기	실기	총점	평균
한사랑	90	85	175	87.5
----------------------------------------
```

5. 점수를 입력받아 '*'을 출력하는 프로그램을 작성하세요. '*'의 개수는 점수를 10으로 나눈 뒤 소수점 첫째 자리에서 반올림한다.

실행결과 | 86을 입력한 경우

```
점수를 입력하세요.
86
---- 막대그래프 ---
86점 *********
```

6. 4자리 정수를 입력받아 각 자리수를 출력하는 프로그램을 작성하세요.

실행결과 | 4510을 입력한 경우

```
정수를 입력하세요. 4510
천의 자리수: 4
백의 자리수: 5
십의 자리수: 1
일의 자리수: 0
```

7. 주문자 이름과 상품명, 단가, 수량, 부가세율을 입력받아 주문 금액을 계산하여 출력하는 프로그램을 작성하세요.

주문금액 = 단가 * 수량
부가세 = 주문금액 * 부가세율
총주문금액 = 주문금액 + 부가세

실행결과

```
주문자 이름: 김라온
상품명: A4용지
단가: 20000
수량: 4
부가세율: 0.1

------주문 계산서------
주문자 이름: 김라온
주문금액: 80000원(=20000×4)
부가세: 8000원(=80000×0.1)
총금액: 88000원(=80000+8000)
```

Summary

Chapter 2에서는 고객설문조사 프로그램을 통해서 입력과 출력을 하는 방법에 대해 알아보았다. 주요 내용은 다음과 같다.

- input( ) 함수는 사용자로부터 입력받은 값을 반환한다. 괄호안에 문자열을 기입하면 문자열을 출력한 후 사용자로부터 값을 입력받는다.
- print( ) 함수는 괄호안의 내용을 화면에 출력한다. 괄호 안에는 변수, 상수, 함수의 반환값 등이 기입될 수 있다.
- print( ) 함수에서 이스케이프 문자나 포맷변환 문자를 사용하면 값을 다양한 형태로 출력할 수 있다.
- 주석은 프로그램에 대한 설명을 작성하기 위해 사용하며 파운드(#) 표시로 구분하며 실행되지는 않는다.
- 멀티라인 문자열은 따옴표를 3개 사용하여 보이는 그대로 화면에 출력하는 효과가 있다.

Chapter 3

두더지찾기 게임 1

이번 장에서는 다음과 같은 내용을 학습합니다.

두더지찾기 게임 1 소개

게임 설계하기 – 순서도

게임 작성하기 – 비교연산자와 if문

두더지찾기 게임 1

두더지찾기 게임 1은 두더지가 숨어 있는 땅굴의 번호를 맞추는 게임이다. 두더지는 1번에서 7번 땅굴 중에 하나에 숨어 있으면 사용자는 두더지가 숨어있는 땅굴 번호를 추측한다. 두 땅굴 번호가 같으면 맞췄다고 출력하고 땅굴 번호가 다르면 틀렸다고 출력한다.

다음은 두더지찾기 게임 1의 소스코드 예시이다.

프로그램의 소스코드

```
1  print('안녕? 나는 두더지. 땅굴의 전문가지~')
2  print('나는 1번~7번 사이 땅굴에 숨어 있을게. ')
3  print('내가 숨은 곳을 찾아봐~' )
4  print( )
5
6  burrow = 3
7  guess = int(input('두더지가 있는 땅굴번호를 맞춰보세요(1~7): '))
8
9  if (burrow == guess):
10     print('나를 찾았군! 잘 했다.')
11
12 if (burrow != guess):
13     print('아니야. 나는', burrow, '에 있어.')
```

소스코드 설명 줄 1~4는 두더지찾기 게임 1의 소개를 화면에 출력한다. 줄 6은 두더지가 3번 땅굴에 숨어있다고 가정하고, 이를 변수 burrow에 저장한다. 줄 7은 input( ) 함수를 실행하여 키보드로부터 사용자가 예상한 땅굴 번호를 입력받은 후 정수로 변환하여 변수 guess에 저장한다. 줄 9~13은 guess와 burrow을 비교하여 서로 같은 경우와 다른 경우에 대하여 각각의 메시지를 출력한다.

실행결과 설명 아래는 땅굴 번호를 맞혔을 때와 맞히지 못했을 때의 실행결과를 각각 보여주고 있다.

프로그램 실행결과 | 땅굴 번호를 맞힌 경우

```
안녕? 나는 두더지. 땅굴의 전문가지~
나는 1번~7번 사이 땅굴에 숨어 있을게.
내가 숨은 곳을 찾아봐~

두더지가 있는 땅굴번호를 맞춰보세요(1~7): 3
나를 찾았군! 잘 했다.
```

프로그램 실행결과 | 땅굴 번호를 맞히지 못한 경우

```
안녕? 나는 두더지. 땅굴의 전문가지~
나는 1번~7번 사이 땅굴에 숨어 있을게.
내가 숨은 곳을 찾아봐~

두더지가 있는 땅굴번호를 맞춰보세요(1~7): 7
아니야. 나는 3 에 있어
```

순서도

순서도(flow chart)는 일종의 설계도로 실행하는 명령어의 순서를 기호로 그린 것이다. 프로그램을 작성하기 전에 순서도를 미리 그려봄으로써 프로그램의 전체적인 흐름과 실행과정을 파악할 수 있다. 또한 프로그래밍의 실수나 오류 등을 사전에 줄일 수 있는 장점이 있다.

다음은 순서도에서 사용하는 기호와 기호를 이용하여 그린 두더지찾기 게임 1의 순서도의 예시이다.

기호	기호의 설명
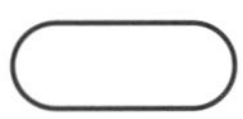	순서도의 시작이나 끝을 나타내는 기호
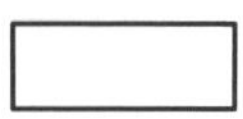	값을 계산하거나 대입 등을 나타내는 처리 기호
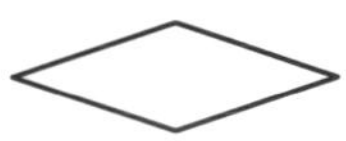	조건이 참이면 '예', 거짓이면 '아니오'로 가는 판단 기호
	서류로 인쇄할 것을 나타내는 인쇄 기호
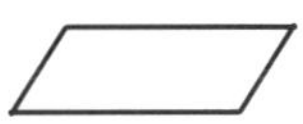	일반적인 입·출력을 나타내는 입·출력 기호
	기호를 연결하여 처리의 흐름을 나타내는 흐름선

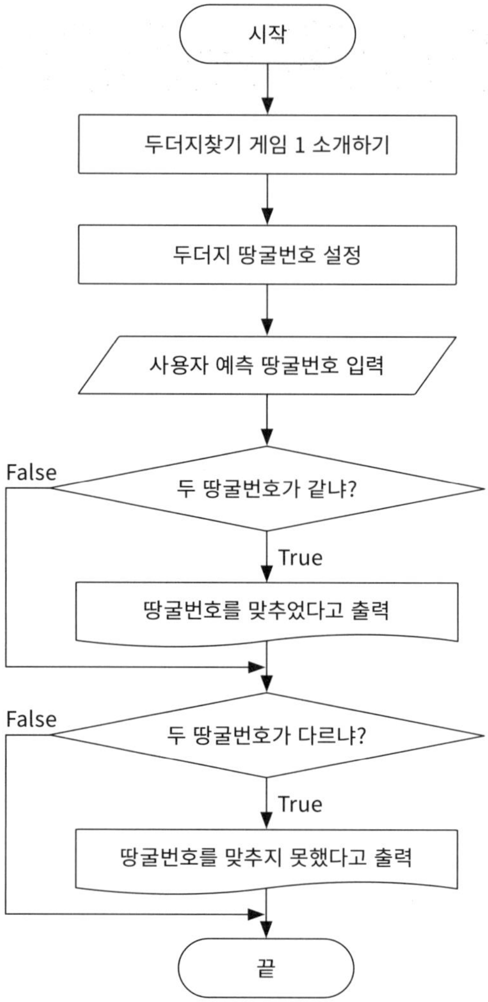
시작
두더지찾기 게임 1 소개하기
두더지 땅굴번호 설정
사용자 예측 땅굴번호 입력
False
두 땅굴번호가 같냐?
True
땅굴번호를 맞추었다고 출력
False
두 땅굴번호가 다르냐?
True
땅굴번호를 맞추지 못했다고 출력
끝

비교연산자와 if문

비교연산자는 if문 등의 조건식에서 상수 혹은 변수의 값을 비교할 때 사용한다. 비교연산자를 이용한 수식의 결과 값은 True(참) 혹은 False(거짓)이다. 다음 표는 비교연산자에 대한 설명이다.

수식	연산 결과
x > y	x가 y보다 클 때 True, 그 외에는 False
x < y	x가 y보다 작을 때 True, 그 외에는 False
x >= y	x가 y보다 크거나 같을 때 True, 그 외에는 False
x <= y	x가 y보다 작거나 같을 때 True, 그 외에는 False
x == y	x가 y와 같을 때 True, 그 외에는 False
x != y	x가 y와 다를 때 True, 그 외에는 False

tip

=(등호)는 사용하는 개수에 따라 기능이 다르다. 등호를 한 개(=) 사용하면 대입연산자이고 등호를 두 개(==) 사용하면 비교연산자이다. 예를 들어 'num=10'은 변수 num에 10을 저장하는 것이고 'num==10'은 변수 num에 저장된 값이 10과 같은지 비교하는 것이다.

if문은 조건식이 True이면 실행블록을 수행하고 조건식이 False이면 실행블록을 수행하지 않고 if문 밖의 문장을 실행한다. 실행블록은 들여쓰기(indentation)로 구분되며 1개 이상의 문장들로 구성된다. 조건식에서는 비교연산자나 논리연산자 등을 이용하여 True 혹은 False을 판단한다.

if문은 다음과 같이 세 가지 형식이 있다.

형식	문법	순서도	의미
형식 1	if 조건식: 실행블록	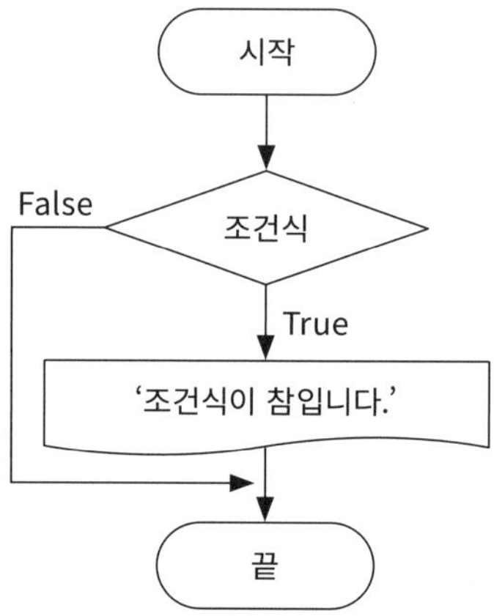	if문에서 조건식의 결과가 True인 경우 실행블록을 실행한다.

형식 2	if 조건식:
	  실행블록1
	else:
	  실행블록2
		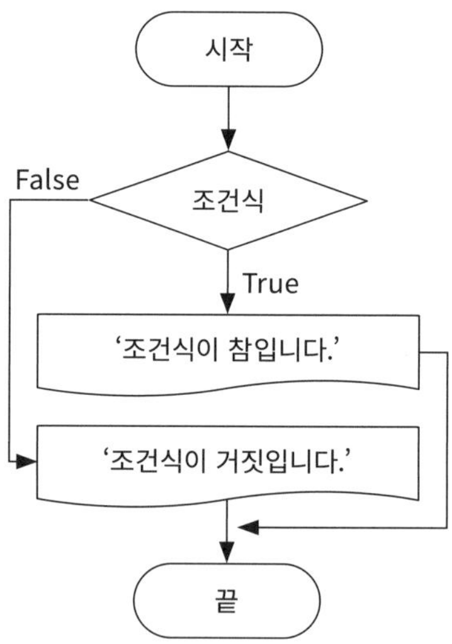	조건식의 결과가 True인 경우 실행블록1을 실행하고, False인 경우 실행블록2를 실행한다.

형식 3

```
if 조건식1:
  실행블록1
elif 조건식2:
  실행블록2
else:
  실행블록3
```

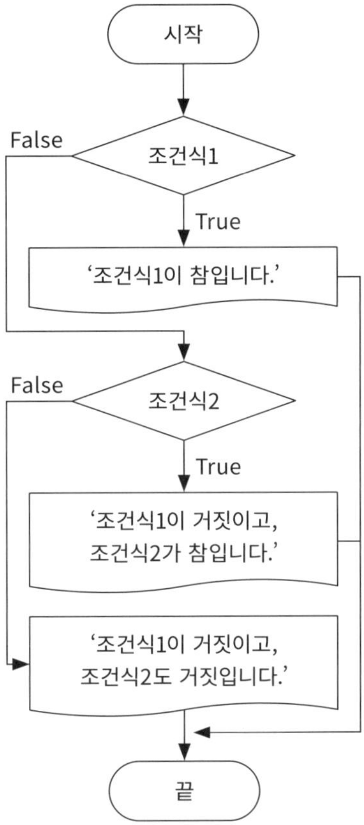

조건식1의 결과가 True인 경우 실행블록1을 실행하며 조건식2는 판별하지 않는다. 조건식1의 결과가 False인 경우 조건식2를 판별한다. 조건식2의 결과가 True인 경우 실행블록2를 실행하고, False인 경우에는 실행블록3을 실행한다.

예시문제

```
# 1                                          #형식1
a = 15
print(10 < a)
print(a < 10)
print(10 <= a <= 20)
print(5 < a < 15)

# 2                                          #형식2
if 10 > 5:
    print('조건식이 참입니다.')

# 3                                          #형식3
if 10 > 20:
    print('조건식이 참입니다.')
else:
    print('조건식이 거짓입니다.')

# 4                                          #형식4
if 10 > 10:
    print('조건식1이 참입니다.')
elif 10 < 10:
    print('조건식1이 거짓이고, 조건식2가 참입니다.')
else:
    print('조건식1과 조건식2가 모두 거짓입니다.')

# 5                                          #형식5
if False:
    print('무조건 참입니다.', end=' ')
else:
    print('무조건 거짓입니다.', end=' ')
print('종료합니다.')
```

1. 아래 코드의 실행결과를 쓰세요. 오류가 발생하면 오류라고 쓰세요.

```
score = 80
print(score <= 100)
```

실행결과:

```
a = 5
if a%2 == 0:
    a = a - 5
    b = a * 10
print(a, b)
```

실행결과:

```
a = 5
if a%2 == 0:
    a = a - 5
b = a * 10
print(a, b)
```

실행결과:

```
if 'Hello' == 'HELLO':
    print('같습니다.')
else:
    print('다릅니다.')
```

실행결과:

```
weather = '맑음'
if weather == '흐림':

else:
    print('영화관람~')
```

실행결과:

```
a = 90
if a >= 90:
    print('A', end=' ')
if a >= 80:
    print('B', end=' ')
print('입니다')
```

실행결과:

```
a = 90
if a >= 90:
    print('A', end=' ')
elif a >= 80:
    print('B', end=' ')
print('입니다')
```

실행결과:

실습문제

1. 임의의 정수 1개를 입력받아 짝수인지 홀수인지 출력하는 프로그램을 작성하세요.

실행결과 | 24를 입력한 경우

```
정수 1개를 입력하시오
24
짝수입니다.
```

실행결과 | 37을 입력한 경우

```
정수 1개를 입력하시오
37
홀수입니다.
```

2. 임의의 정수 1개를 입력받아 양수, 0, 음수로 구별하고 출력하는 프로그램을 작성하세요.

실행결과 | 50을 입력한 경우

```
정수 1개를 입력하시오: 50
양수입니다.
```

실행결과 | −10을 입력한 경우

```
정수 1개를 입력하시오: -10
음수입니다.
```

실행결과 | 0을 입력한 경우

```
정수 1개를 입력하시오: 0
영입니다.
```

3. 임의의 두 정수를 입력받아 큰 수와 작은 수를 구별하고 출력하는 프로그램을 작성하세요.

실행결과 | 50과 64를 차례대로 입력한 경우

```
첫 번째 정수를 입력하시오: 50
두 번째 정수를 입력하시오: 64
큰 수: 64
작은 수: 50
```

실행결과 | 78과 34를 차례대로 입력한 경우

```
첫 번째 정수를 입력하시오: 78
두 번째 정수를 입력하시오: 34
큰 수: 78
작은 수: 34
```

실행결과 | 50과 50을 차례대로 입력한 경우

```
첫 번째 정수를 입력하시오: 50
두 번째 정수를 입력하시오: 50
두 수는 같습니다.
```

4. 체중과 신장을 입력받아, BMI를 계산하여 측정된 메시지를 출력하는 프로그램을 작성하세요.

BMI(신체질량지수) 계산법: 체중(kg) / 신장²(m)

*** BMI가 18.5 미만이면 저체중, 18.5 이상~23 미만에 속하면 정상체중, 23 이상~25 미만이면 과체중, 25 이상~30 미만이면 비만, 30 이상이면 고도비만입니다.**

실행결과 | 체중 60과 신장 1.6을 차례대로 입력한 경우

```
체중(kg)를 입력하세요.
60
신장(m)을 입력하세요.
1.6
BMI점수는 23.4 로 과체중입니다.
```

실행결과 | 체중 50과 신장 1.6을 차례대로 입력한 경우

```
체중(kg)를 입력하세요.
50
신장(m)을 입력하세요.
1.6
BMI점수는 19.5 로 정상체중입니다.
```

tip

변수 n의 실수값을 소수점 첫째자리까지 출력하려면 print('%.1f' % n)라고 작성한다.

5. 중간고사와 기말고사 점수를 입력받아 평균을 구하고, 메시지를 출력하는 프로그램을 작성하세요.

> **- 평균이 90점 이상이면, Excellent! 를 출력한다.**
> **- 평균이 90점 미만 80점 이상이면, Good! 을 출력한다.**
> **- 평균이 80점 미만 70점 이상이면, Fair~ 를 출력한다.**
> **- 평균이 70점 미만이면, See you again! 을 출력한다.**

실행결과 | 75점과 85점을 차례대로 입력한 경우

```
중간고사 점수를 입력해주세요:  75
기말고사 점수를 입력해주세요:  85
Good!
평균점수는 80.0입니다.
```

실행결과 | 45점과 70점을 차례대로 입력한 경우

```
중간고사 점수를 입력해주세요:  45
기말고사 점수를 입력해주세요:  70
See you again!
평균점수는 57.5입니다.
```

Summary

Chapter 3에서 우리는 두더지찾기 게임 1을 작성하면서 프로그램 설계를 위한 순서도와 조건 처리를 위한 if문을 학습하였다. Chapter 3에서 학습한 내용은 다음과 같다.

- 순서도는 일종의 설계도로 실행하는 명령어의 순서를 기호로 그린 것이다.
- 비교연산자는 if문 등의 조건식에서 상수 혹은 변수 등의 값을 비교할 때 사용한다.
- 비교연산자를 이용한 조건식의 결과 값은 True(참) 혹은 False(거짓)로 산출된다.
- 비교연산자에는 <, >, <=, >=, ==, !=가 있다.
- if문은 조건식의 결과가 True이면 실행블록을 수행하고 False이면 실행블록을 수행하지 않는다.
- if문은 다음과 같은 3가지 형식으로 구분 된다: if, if-else, if-elif-else.

Chapter 4

가위바위보 게임 1

이번 장에서는 다음과 같은 내용을 학습합니다.

가위바위보 게임 1 소개

게임 작성하기 – 중첩 if문과 논리연산자

게임 기능 추가하기 – 모듈(module) 사용하기

가위바위보 게임 1

가위바위보 게임 1은 두 사람 이상이 참가하는 게임으로 각 참가자가 가위, 바위, 보 중에 하나를 선택하면 정해진 규칙에 따라 승자를 결정하는 게임이다. 승자를 결정하는 규칙은 아래와 같다.

가위는 보에 이기고,
보는 바위에 이기며,
바위는 가위에 이기고,
같은 것을 선택하면 비긴다.

다음은 가위바위보 게임 1의 소스코드 예시이다. 게임의 참가자는 컴퓨터와 사용자이다.

프로그램의 소스코드

```
import random
print('신나는 가위~', '바위~', '보~!!!!! 게임')

# 사용자와 컴퓨터의 선택 값 결정 ------------------------------------
print('-' * 50)
yourHand = input('가위~ 바위~ 보 ! 중에 하나를 골라주세요~   ')
comRandom = random.randint(1,3)

if comRandom == 1:
    comHand = '가위'
elif comRandom == 2:
    comHand = '바위'
else:
    comHand = '보'
```

```python

# 승자결정 ----------------------------------------------------------
if comHand == '가위':
    if yourHand == '가위':
        winner = '비김'
    elif yourHand == '바위':
        winner = '당신'
    else:
        winner = '컴퓨터'
elif comHand == '바위':
    if yourHand == '가위':
        winner = '컴퓨터'
    elif yourHand == '바위':
        winner = '비김'
    else:
        winner = '당신'
else:
    if yourHand == '가위':
        winner = '당신'
    elif yourHand == '바위':
        winner = '컴퓨터'
    else:
        winner = '비김'

# 승부 결과출력-------------------------------------------------------
if winner == '당신':
    print('당신 이김! 컴퓨터 짐! (You:', yourHand, ', Com:', comHand,')')
elif winner == '컴퓨터':
    print('당신 짐! 컴퓨터 이김! (You:', yourHand, ', Com:', comHand,')')
else :
    print('무승부! (You:', yourHand, ', Com:', comHand,')')

print ('-' * 50)
```

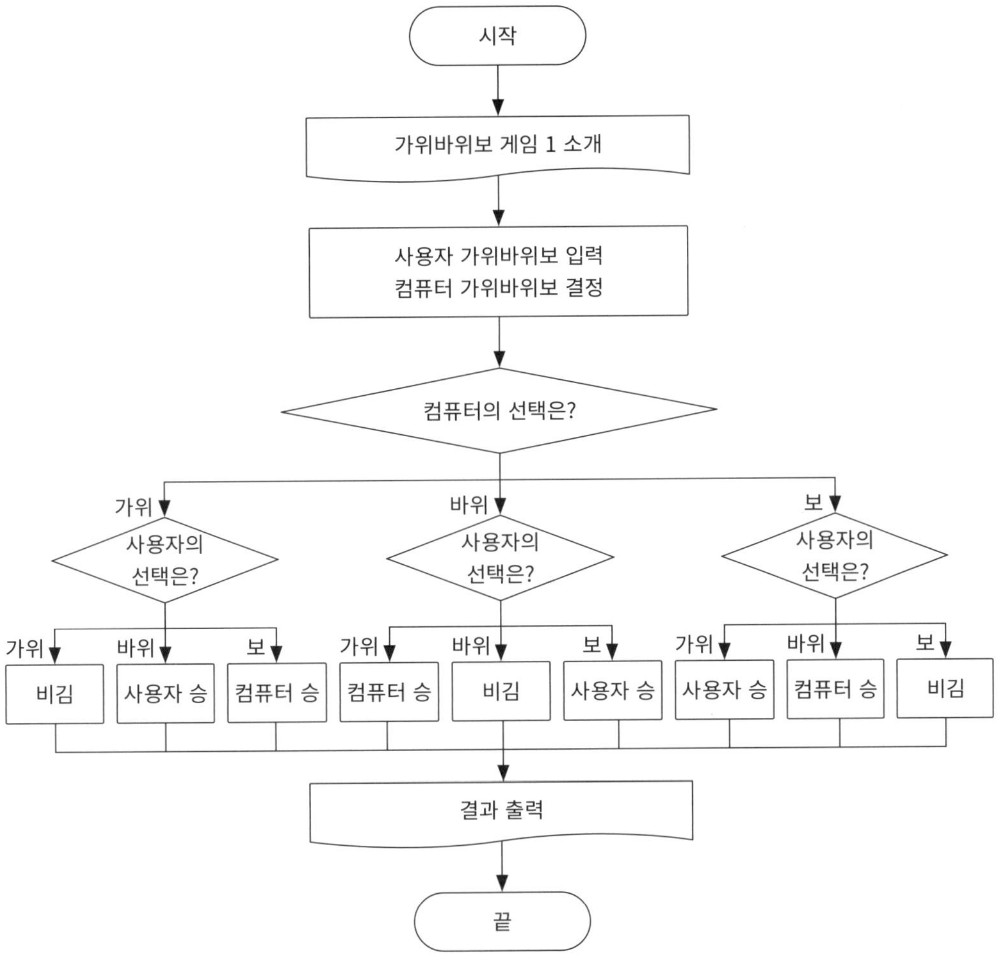

소스코드 설명 줄 1은 줄 7에서의 난수 발생 함수 randint( )를 사용하기 위해 random 모듈을 불러온다. 줄 2는 가위바위보 게임의 소개를 화면에 출력한다. 줄 4~14는 사용자와 컴퓨터가 '가위', '바위', '보' 중에서 하나를 선택하는 부분이다. 줄 6은 input( ) 함수를 실행하여 사용자가 선택한 값을 키보드로부터 입력받은 후 변수 yourHand에 저장한다. 줄 7은 randint( ) 함수를 실행하여 1에서 3사이의 난수를 임의로 발생시켜 컴퓨터가 선택한 값으로 사용하기 위해 변수 comRandom에 저장한다. 줄 9~14는 변수 comRandom에 저장된 정수 값을 1이면 '가위', 2이면 '바위', 3이면 '보'로 변환하여 comHand에 저장한다. 줄 16~37은 컴퓨터(comHand)와 사용자(yourHand) 중에서 승자를 결정하는 부분이다. 예를 들어, 줄 17~23에서 comHand가 '가위'인 경우 줄 18에서 yourHand가 '가위'이면 변수 winner에는 '비김'이 저장된다. 그렇지 않고 줄 20에서 yourHand가 '바위'이면 변수 winner에는 '당신'이 승자로 저장된다. 그렇지 않고 줄 22에서

yourHand가 '보'이면 변수 winner에는 '컴퓨터'가 승자로 저장된다. 줄 39~45는 변수 winner에 저장된 승자에 따라 각각의 메시지를 출력한다.

실행결과 설명 아래는 컴퓨터와 사용자가 가위바위보 게임을 했을 때 결과로 나올 수 있는 3가지 경우의 승자결정 결과이다. 첫 번째 프로그램 실행 결과에서 사용자는 '가위'를 선택하여 입력하였고 컴퓨터는 발생된 난수 3에 해당하는 '보'를 선택한 경우이다. 이 경우 승자는 사용자인 '당신'이 되므로 '당신 이김! 컴퓨터 짐!'이 출력된다.

프로그램 실행결과 | 사용자가 이긴 경우

```
신나는 가위~ 바위~ 보~!!!!! 게임
-------------------------------------------------
가위~ 바위~ 보 ! 중에 하나를 골라주세요~  가위
당신 이김! 컴퓨터 짐! (You: 가위 , Com: 보 )
-------------------------------------------------
```

프로그램 실행결과 | 컴퓨터가 이긴 경우

```
신나는 가위~ 바위~ 보~!!!!! 게임
-------------------------------------------------
가위~ 바위~ 보 ! 중에 하나를 골라주세요~  가위
당신 짐! 컴퓨터 이김! (You: 가위 , Com: 바위 )
-------------------------------------------------
```

프로그램 실행결과 | 비긴 경우

```
신나는 가위~ 바위~ 보~!!!!! 게임
-------------------------------------------------
가위~ 바위~ 보 ! 중에 하나를 골라주세요~  가위
무승부! (You: 가위 , Com: 가위 )
-------------------------------------------------
```

외장함수와 모듈 사용하기

파이썬에서는 print( )나 input( ) 같은 내장함수는 바로 사용할 수가 있지만 특정 기능을 수행하는 외장함수들은 바로 사용할 수 없다. 비슷한 기능을 수행하는 외장함수들을 묶어 모듈(module)이라고 한다. 모듈을 프로그램에서 사용하려면 **import 모듈이름** 이라고 작성한다. 또한, 모듈에 저장되어 있는 외장함수를 사용하려면 **모듈이름.함수명** 이라고 작성한다. random 모듈의 randint(a, b) 함수는 $a \leq x \leq b$ 를 만족하는 x를 무작위로 선택하여 반환하며 이때, a, b, x는 모두 정수이다. 예를 들어 $1 \leq x \leq 3$을 만족하는 임의의 정수 x를 반환받으려면 아래와 같이 작성한다.

```
# random 모듈 안에 있는 randint( ) 함수를 사용하는 방법
import random
x = random.randint(1, 3)
```

tip

모듈에 저장되어 있는 함수들의 목록을 보려면, 모듈이름 뒤에 온점 '.' 을 찍고 tab키를 누르면 된다. 또한 모듈에서 선택한 함수의 사용법을 확인하려면 여는 괄호 '(' 를 입력하고 잠시 기다리면 풍선 도움말이 표시된다.

중첩 if문과 논리연산자

중첩 if문은 if문의 실행블록이 또 다른 if문을 포함하는 것이다. 중첩 if문은 3장에서 배운 3가지 형식의 if문(if, if-else, if-elif-else)을 혼합하여 다양한 형태로 작성될 수 있다. 아래 중첩 if문은 if-else문 안에 서로 다른 형식의 if문을 중첩한 예시이다.

<table>
<tr><th>문법</th><th>순서도</th><th>의미</th></tr>
<tr><td><pre>
if 외부조건식:
    if 내부조건식1:
        내부실행블록1
    else:
        내부실행블록2
else:
    if 내부조건식2:
        내부실행블록3
</pre></td><td>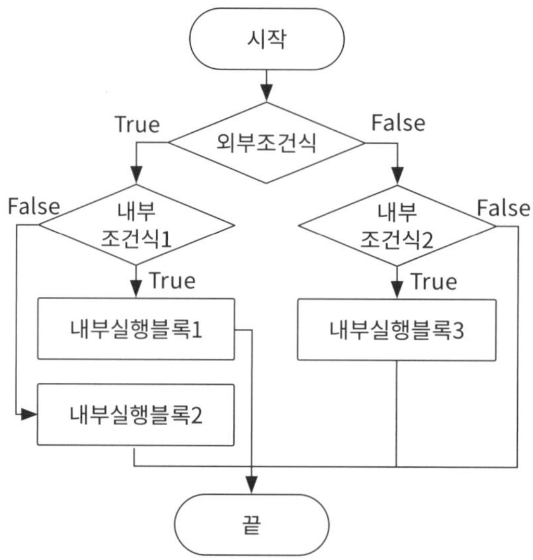
</td><td>if문에서 외부조건식의 결과가 True(참)인 경우 내부조건식1을 판별한다. 내부조건식1이 True이면 내부실행블록1을 실행하고, 내부조건식1이 False(거짓)이면 내부실행블록2를 실행한다. 만약 외부조건식의 결과가 False인 경우에는 내부조건식2를 판별하여 True이면 내부실행블록3을 실행한다.</td></tr>
</table>

tip

실행블록이 외부 if문과 내부 if문 중 어느 if문에 포함된 것인지는 들여쓰기로 구분한다.

논리연산자는 두 개 이상의 조건식을 조합하여 판단할 때 사용한다. 논리연산자에는 **and**, **or**, **not**이 있으며, 논리연산자의 결과는 True 혹은 False가 된다. and 연산자는 조건식 x와 조건식 y의 결과가 모두 True인 경우에만 True가 되며, 그 외의 경우에는 False가 된다. or 연산자는 조건식 x와 조건식 y의 결과가 모두 False인 경우에만 False가 되며, 그 외의 경우에는 True가 된다. not

연산자는 x 혹은 y의 조건식이 True이면 False가 되며, False이면 True가 된다.

x	y	x and y	x or y	not x
True	True	True	True	False
True	False	False	True	False
False	True	False	True	True
False	False	False	False	True

if문은 논리연산자로 조합된 조건식이 True이면 실행블록을 수행하고 조합된 조건식이 False이면 실행블록을 수행하지 않고 if문 밖의 문장을 실행한다.

다음은 가위바위보 게임 1의 승자결정 부분을 논리연산자를 사용하여 표현한 소스코드 예시이다.

프로그램의 소스코드

```
import random
print('신나는 가위~', '바위~', '보~!!!!! 게임')

# 사용자와 컴퓨터의 선택 값 결정 ----------------------------------
print('-' * 50)
yourHand = input('가위~ 바위~ 보 ! 중에 하나를 골라주세요~   ')
comRandom = random.randint(1,3)

if comRandom == 1:
    comHand = '가위'
elif comRandom == 2:
    comHand = '바위'
else:
    comHand = '보'
```

```
15 # 승자결정 ------------------------------------------------------------
16 ## 컴퓨터가 이기는 경우
17 if ((comHand == '가위' and yourHand =='보')
18     or (comHand == '바위' and yourHand =='가위')
19     or (comHand == '보' and yourHand =='바위')):
20         winner = '컴퓨터'
21 
22 ## 사용자가 이기는 경우
23 elif ((comHand == '가위' and yourHand =='바위')
24     or (comHand == '바위' and yourHand =='보')
25     or (comHand == '보' and yourHand =='가위')):
26         winner = '당신'
27 
28 ## 비기는 경우
29 else:
30     winner = '비김'
31 
32 # 승부 결과출력---------------------------------------------------------
33 if winner == '당신':
34     print('당신 이김! 컴퓨터 짐! (You:', yourHand, ', Com:', comHand,')')
35 elif winner == '컴퓨터':
36     print('당신 짐! 컴퓨터 이김! (You:', yourHand, ', Com:', comHand,')')
37 else :
38     print('무승부! (You:', yourHand, ', Com:', comHand,')')
39 
40 print('-' * 50)
```

소스코드 설명 줄 15~30에서는 최종 승자 판단 결과를 얻기 위해 if문의 조건식을 먼저 6개의 조건식 결과를 논리연산자 and로 연결하여 3개의 결과를 얻고, 이 결과들을 다시 논리연산자 or로 연결하는 방식으로 표현하였다.

실행결과 설명 실행결과는 기존과 동일하다.

예시문제

```
# 1                                    # and
a = 100
b = 50
c = 75
print(a > b and b > c)

# 2                                    # or
a = 100
b = 50
c = 75
print(a > b or b > c)

# 3                                    # not
a = 100
b = 50
c = 75
print(not (a > b) or (b > c))

# 4                                    # 승자 결정
comHand = '바위'
yourHand = '가위'
if ((comHand == '가위' and yourHand =='보')
    or (comHand == '바위' and yourHand =='가위')
    or (comHand == '보' and yourHand =='바위')):
        winner = '컴퓨터'
print(winner)
```

연습문제

1. 아래 코드의 실행결과를 쓰세요. 오류가 발생하면 오류라고 쓰세요.

```
import random
a = random.randint(10, 10)
print(a)
```

실행결과:

```
import random
a = random.randint(-10, 10)
print(a)
```

실행결과:

```
import random
a = random.randint(10, 5)
print(a)
```

실행결과:

```
a = 8
print(a == 1 or a == 2)
print(a == 1 or 2)
```

실행결과:

```
a = (3 < 4) and (5 > 6)
b = (3 < 4) or (5 > 6)
c = not(3 < 4)
print(a, b, c)
```

실행결과:

```
age = 30
if age >= 20:
    if age >= 70:
        print('노인입니다.')
    else:
        print('성인입니다.')
```

실행결과:

```
age = 30
if age >= 20:
    if age >= 70:
        print('노인입니다.')
else:
    print('성인입니다.')
```

실행결과:

```
a = 30
if a % 3 == 0 and a % 5 == 0:
    print('15의 배수입니다.')
else:
    print('15의 배수가 아닙니다.')
```

실행결과:

```
a = 200
if True:
    print('100보다 큰 수입니다.')
    if False:
        print('200보다 큰 수입니다.')
else:
    print('100보다 작은 수입니다.')
```

실행결과:

실습문제

1. 년도(year)를 정수로 입력받아 윤년 혹은 평년을 판단하여 출력하는 프로그램을 작성하세요.

> **윤년은 다음 두 가지 조건 중 하나를 만족하는 년도이다.**
> **- 4로 나누어 떨어지고 100으로는 나누어 떨어지지 않는 년도**
> **- 400으로 나누어 떨어지는 년도**

실행결과 | 2021을 입력한 경우

```
년도를 입력하시오
2021
평년입니다.
```

실행결과 | 2024를 입력한 경우

```
년도를 입력하시오
2024
윤년입니다.
```

2. 운전면허 응시 종류와 점수를 정수로 입력받아 합격 여부를 판단하여 출력하는 프로그램을 작성하세요.

> **응시 종류가 1종인 경우에는 점수가 70점 이상이면 합격이고, 응시 종류가 2종인 경우에는 점수가 60점 이상이면 합격이다.**

실행결과 | 1과 80을 입력한 경우

```
응시 종류 입력하시오: 1
점수를 입력하시오: 80
당신은 1종 면허에 합격했습니다.
```

실행결과 | 2와 55을 입력한 경우

```
응시 종류 입력하시오: 2
점수를 입력하시오: 55
당신은 2종 면허에 불합격했습니다.
```

3. 1에서 100사이의 난수를 2개 발생시켜 합을 구하고 출력하는 프로그램을 작성하세요.

실행결과

```
발생된 첫 번째 난수: 50
발생된 두 번째 난수: 64
발생된 두 개의 난수 합: 114
```

4. 달(month)을 정수로 입력받아 계절을 출력하는 프로그램을 작성하세요.

달이 1보다 작거나 12보다 크면 '잘못 입력했습니다.'라고 출력하고, 3월~5월은 '봄', 6월~8월은 '여름', 9월~11월은 '가을', 12월~2월은 '겨울'이라고 출력한다.

실행결과 | 13을 입력한 경우

```
달을 입력하세요.
13
잘못 입력했습니다.
```

실행결과 | 6을 입력한 경우

```
달을 입력하세요.
6
6월은 여름입니다.
```

5. 아이디와 비밀번호를 입력받아, 로그인 성공 여부를 출력하는 프로그램을 작성하세요.

- 아이디가 'python'이고, 비밀번호가 'fun'이면 '로그인 성공입니다.'라고 출력한다.
- 아이디가 틀리면 '아이디 오류입니다.'라고 출력하고 비밀번호는 비교하지 않는다.
- 비밀번호가 틀리면 '비밀번호 오류입니다.'라고 출력한다.

실행결과 | python과 fun을 차례대로 입력한 경우

```
아이디를 입력해주세요: python
비밀번호를 입력해주세요: fun
로그인 성공입니다.
```

실행결과 | python과 1234를 차례대로 입력한 경우

```
아이디를 입력해주세요: python
비밀번호를 입력해주세요: 1234
비밀번호 오류입니다.
```

실행결과 | java와 fun을 차례대로 입력한 경우

```
아이디를 입력해주세요: java
비밀번호를 입력해주세요: fun
아이디 오류입니다.
```

6. 1에서 100사이의 난수를 3개 발생시켜 세 수중에서 최댓값과 최솟값을 구하여 출력하는 프로그램을 작성하세요. 이때, 동일한 난수가 생성될 수 있다.

실행결과 | 서로 다른 난수 3개가 발생된 경우

```
생성된 난수: 50 64 56
최댓값: 64
최솟값: 50
```

실행결과 | 서로 다른 난수 2개와 동일한 난수 1개가 발생된 경우

```
생성된 난수: 10 20 20
최댓값: 20
최솟값: 10
```

실행결과 | 동일한 난수 3개가 발생된 경우

```
생성된 난수: 70 70 70
최댓값: 70
최솟값: 70
```

7. 가위바위보 게임을 참가자가 3명인 경우로 프로그램을 작성하세요. 참가자1, 참가자2, 참가자 3 은 모두 컴퓨터로 난수를 생성하여 가위, 바위, 보를 선택한다.

실행결과 | 참가자 세 명이 모두 다른 것이 선택된 경우

```
참가자1: 가위
참가자2: 바위
참가자3: 보

비겼다.
```

실행결과 | 참가자 두 명이 같은 것이 선택된 경우

```
참가자1: 가위
참가자2: 가위
참가자3: 보

승자: 참가자1 참가자2
```

실행결과 | 참가자 세 명이 모두 같은 것이 선택된 경우

```
참가자1: 바위
참가자2: 바위
참가자3: 바위

비겼다.
```

Summary

Chapter 4에서 우리는 가위바위보 게임의 소스코드를 작성하면서 중첩 if문 등에 대해 학습하였다. Chapter 4에서 학습한 내용은 다음과 같다.

- 중첩 if문은 if문 안에 또 다른 if문을 작성하는 것이다.
- 논리연산자는 if문 등에서 2개 이상의 조건식을 조합할 때 사용한다.
- 논리연산자를 이용한 조건식의 결과 값은 True 혹은 False로 산출된다.
- 논리연산자에는 and, or, not이 있다.
- 중첩 if문은 외부조건식의 결과가 True이면 내부조건식을 판별하고, False이면 내부조건식을 판별하지 않는다.
- 비슷한 기능을 수행하는 외장함수들을 묶어 모듈(module)이라고 한다.
- 외장함수를 사용하기 위해서는 import문을 프로그램에서 작성한다.
- 임의의 난수를 발생시키기 위한 외장함수로 randint( )가 있다.

Memo

Chapter 5

두더지찾기 게임 2

이번 장에서는 다음과 같은 내용을 학습합니다.

두더지찾기 게임 2 소개

게임 반복하기 – 반복문 while

게임 꾸미기 – 아스키 아트와 winsound/time 모듈

두더지찾기 게임 2

두더지찾기 게임 1은 두더지가 숨어 있는 땅굴의 번호를 맞추는 게임으로 게임 1에서는 두더지가 숨어있는 땅꿀을 1번 추측해보고 찾지 못한다면 종료한다.

두더지찾기 게임 2에서는 주어진 횟수 안에서 두더지가 숨어있는 땅굴을 여러 번 찾는 기능을 추가한다. 또한 게임 2에서는 random 모듈을 이용하여 두더지가 숨어있는 땅굴 번호를 무작위로 선택되게 하고 아스키 아트(ASCII art)와 winsound 모듈, time 모듈을 이용하여 게임을 재미있게 꾸며본다.

다음은 두더지찾기 게임 2의 소스코드 예시로 반복해서 추측하는 기능과 두더지가 숨어있는 땅굴 번호가 무작위로 선택되는 기능이 추가되었다.

프로그램의 소스코드

```
import random

print('안녕? 나는 두더지. 땅굴의 전문가지~')
print('나는 1번~3번 사이 땅굴에 숨어 있을게.')
print('내가 숨은 곳을 찾아봐~')

hit, trial, maxTrial = 0, 0, 3

while trial < maxTrial:
    print( )
    burrow = random.randint(1,3)
    guess = int(input('두더지가 있는 땅굴번호를 맞춰보세요(1~3): '))
    trial = trial + 1

```

```
    if (burrow == guess):
        hit = hit + 1
        print('나를 찾았군! 잘 했다.')
    else:
        print('아니야 난', burrow, '에 있어.')

print( )
print('총', maxTrial, '번 중에', hit,'번 맞췄네!')
```

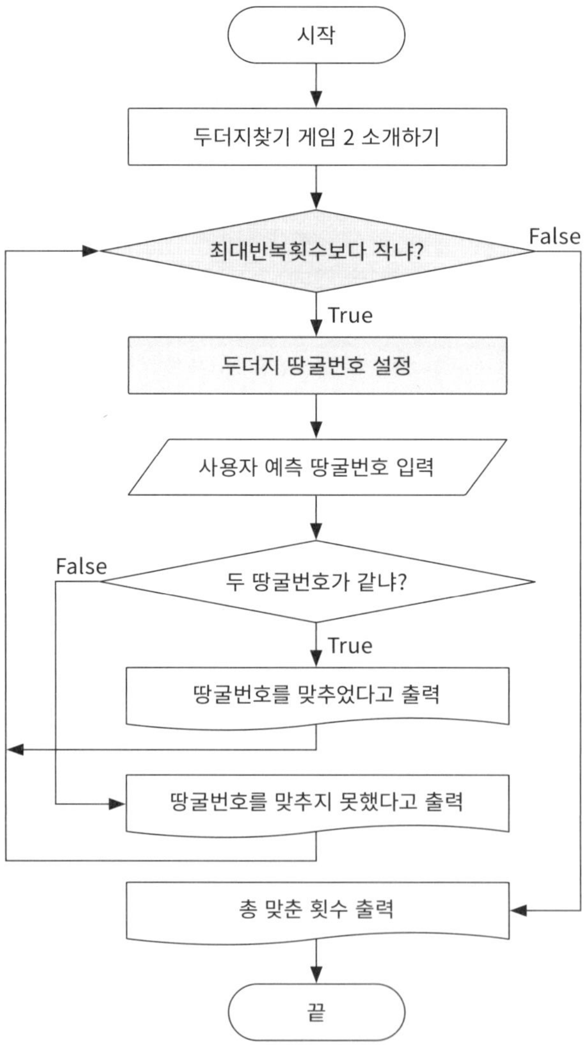

소스코드 설명 줄 1은 randint( ) 함수를 사용하기 위해 random 모듈을 불러온다. 줄 3~5는 두더지찾기 게임을 소개하는 메시지를 출력한다. 줄 7은 변수 hit, trial, maxTrial의 값을 각각 0, 0, 3으로 초기화한다. 줄 9는 while문의 조건식 'trial 〈 maxTrial'이 True인 동안에 줄 10~19의 실행블록을 반복한다. 줄 13은 실행블록이 실행될 때마다 변수 trial의 값이 1씩 증가되다가 변수 trial의 값이 3이 되면 줄 9의 조건식 값이 False가 되어 반복이 종료된다. 줄 21~22는 반복이 종료된 후 실행되며, 두더지찾기 게임이 반복되는 동안에 두더지를 몇 번 찾았는지를 출력한다.

실행결과 설명 아래는 두더지찾기 게임 2의 실행결과를 보여준다. 사용자는 매번 두더지가 숨는 위치를 추측하고 추측이 맞으면 맞혔다고 출력하고 못 맞혔다면 두더지가 몇 번 땅굴에 숨어 있었는지를 알려준다. 이 과정을 3번 반복한 후 맞춘 횟수를 출력한다.

프로그램 실행결과 | 두더지를 찾은 경우

```
안녕? 나는 두더지. 땅굴의 전문가지~
나는 1번~3번 사이 땅굴에 숨어 있을게.
내가 숨은 곳을 찾아봐~

두더지가 있는 땅굴번호를 맞춰보세요(1~3): 1
아니야 난 2 에 있어.

두더지가 있는 땅굴번호를 맞춰보세요(1~3): 2
나를 찾았군! 잘 했다.

두더지가 있는 땅굴번호를 맞춰보세요(1~3): 3
나를 찾았군! 잘 했다.

총 3 번 중에 2 번 맞췄네!
```

반복문 while

while문은 조건식이 True인 동안 실행블록을 반복하여 수행하고 False이면 실행블록 수행하지 않고 반복을 종료한다. 조건식에서는 비교연산자와 논리연산자를 이용하여 True 혹은 False를 판단한다. 기존에 소스코드들은 윗줄부터 아랫줄까지 한 줄씩 차례대로 수행을 했지만, while문을 이용하면 이미 수행한 소스코드들을 다시 반복 실행할 수 있다. while문안의 실행블록의 각 문장들은 동일한 간격으로 들여쓰기가 되어야 한다.

문법	순서도	의미
while 조건식: 실행블록	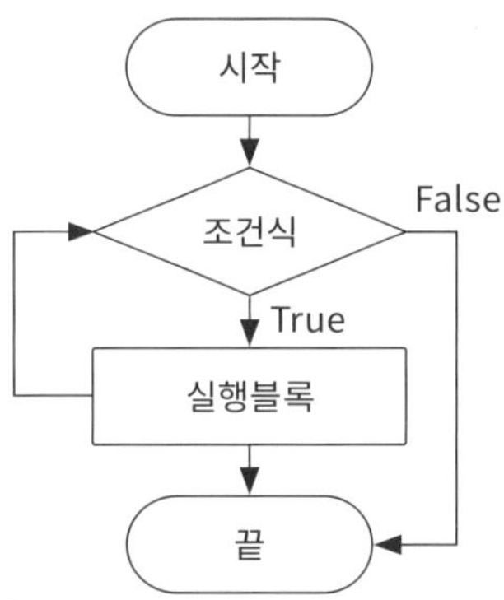	while문의 조건식이 True이면 실행블록을 실행한 후, 반복을 위하여 다시 while문의 조건식을 판별하는 곳으로 제어를 이동한다. 조건식이 False이면 반복을 종료한다.

while문의 반복은 조건식이 False이면 종료된다. 예를 들어 아래 while문의 조건식은 변수 cnt의 값이 5보다 크거나 같아지면 False가 된다. 먼저 cnt 변수에 0을 저장한 뒤 while문의 조건식을 판별하면 True가 되어 while문 내부의 실행블록을 반복한다. 실행블록이 반복 실행되는 동안에 변수 cnt의 값이 1씩 증가되는 연산식이 실행된다. 최종에는 변수 cnt의 값이 5가 되며, while문의 조건식이 False로 바뀌어 반복이 종료된다.

```
cnt = 0
 while cnt < 5:
     print ('프로그래밍은 재미있다.')
     cnt = cnt + 1
```

실행결과

```
프로그래밍은 재미있다.
프로그래밍은 재미있다.
프로그래밍은 재미있다.
프로그래밍은 재미있다.
프로그래밍은 재미있다.
```

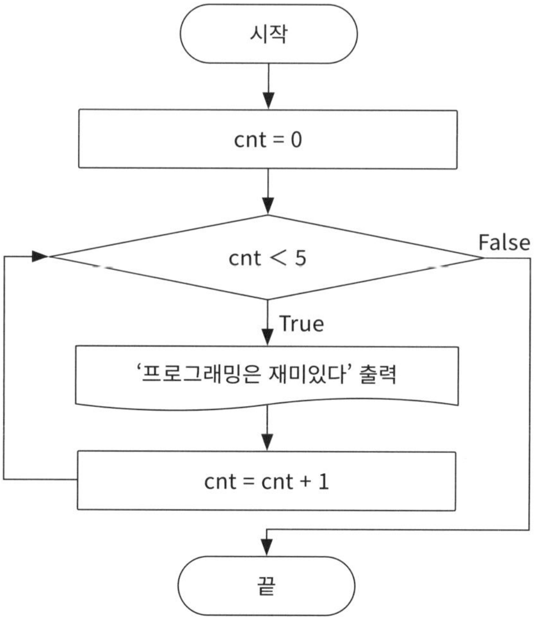

게임 꾸미기

아스키 아트(ASCII art)는 컴퓨터에서 사용하는 아스키 코드(ASCII code)의 문자와 기호를 이용하여 그림을 그리는 것으로 주로 이모티콘 등으로 이용이 된다. 주의할 점은 글자체나 언어에 따라 문자표시나 문자간격이 달라지는 경우가 있다. 대표적으로 영어 글자체에서 '\'는 한글 글자체에서 '₩'로 표시된다.

<table>
<tr><th colspan="3">윈도우즈에서 제공하는 아스키 아트 중 일부 (윈도우키 + .)</th></tr>
<tr><td>(*^▽^*)</td><td>₩(@^0^@)/</td><td>φ(° ▽° *)♪</td></tr>
<tr><td>`(*>﹏<*)′</td><td>ㄴ| ` O′|┘</td><td>~(=^..^)ノ</td></tr>
<tr><td>(+_+)?</td><td>o_o</td><td>(⊙ ⊙)</td></tr>
</table>

winsound 모듈은 윈도우즈의 소리 관련 모듈로서 간단한 beep(삐) 소리부터 wav파일의 재생까지 가능하다. Beep( ) 함수는 주파수와 재생시간을 지정해주면 주파수에 해당하는 소리를 재생시간만큼 들려준다. 다음 표는 음계에 따른 주파수(Hz)이다.

	도(C)	레(D)	미(E)	파(F)	솔(G)	라(A)	시(B)
4도 음계	262	294	330	349	392	440	494
5도 음계	523	587	659	699	784	880	988

tip

맥 OS(MAC OS)에서는 winsound 모듈이 제공되지 않기 때문에 주파수와 재생시간을 조정할 수 없다.

time 모듈은 시간과 관련된 모듈로서 현재 시간을 반환하는 time( ), 정해진 시간 동안 일시정지를 하는 sleep( ) 등의 외장함수들이 포함된다.

프로그램의 소스코드

```
import random, winsound, time

d4 = 262  # 도(C)
m4 = 330  # 미(E)
s4 = 392  # 솔(G)
d5 = 523  # 도(C)
r4 = 294  # 레(D)

print('''안녕? 나는 두더지. 땅굴의 전문가지~
           ^  ^
          (='o'=)
        -(,,)-(,,)-
     ''')
time.sleep(1)

print('나는 1번~3번 사이 땅굴에 숨어 있을게.')
print('내가 숨은 곳을 찾아봐~')
time.sleep(1)

hit, trial, maxTrial = 0, 0, 3

while trial < maxTrial :
    print( )
    burrow = random.randint(1,3)
    guess = int(input('두더지가 있는 땅굴번호를 맞춰보세요(1~3): '))
    trial = trial + 1

    if (burrow == guess) :
        hit = hit + 1
        print('나를 찾았군! 잘 했다.')
        print('''
           ^  ^
          (=^o^=)
```

```
34          -(,,)❤(,,)-
35          ''')
36          winsound.Beep(d4, 250)
37          winsound.Beep(m4, 250)
38          winsound.Beep(s4, 250)
39          winsound.Beep(d5, 250)
40          time.sleep(1)
41      else:
42          print('아니야 난', burrow, '에 있어.')
43          print('''
44             ^  ^
45            (=XoX=)
46          -(,,)-(,,)-
47          ''')
48          winsound.Beep(s4, 500)
49          winsound.Beep(m4, 600)
50          winsound.Beep(r4, 700)
51          winsound.Beep(d4, 900)
52          time.sleep(1)
53
54  print('\n 총', maxTrial, '번 중에', hit, '번 맞췄네!')
```

소스코드 설명 줄 1은 프로그램 내에서 randint( ), Beep( ), sleep( ) 함수를 사용하기 위해 이들 함수를 포함하고 있는 random, winsound, time 모듈을 프로그램에 불러온다. 줄 3~7은 음계에 따른 주파수이다. 줄 9~17은 두더지 게임을 소개하는 메시지와 아스키 아트이다. 줄 14와 줄 18에서는 프로그램을 1초(second) 동안 멈췄다가 다음 문장을 수행하며, sleep(s) 함수가 s초 동안 멈추었다가 실행하는 기능을 한다. 줄 20~54는 앞서 설명한 두더지찾기 게임 2와 동일하다. 차이점은 두더지를 찾았을 때와 못 찾았을 때 각각 이에 해당하는 아스키 아트와 소리를 재생한다는 것이다. 예를 들어 줄 36에서의 Beep(d4, 250)은 변수 d4에 저장된 262의 주파수에 해당하는 음계 도(C)를 250밀리 초(millisecond)동안 재생한다.

실행결과 설명 실행결과는 기본적으로 두더지찾기 게임 2와 동일하다.

프로그램 실행결과

```
안녕? 나는 두더지. 땅굴의 전문가지~
          ^  ^
         (='o'=)
       -(,,)-(,,)-
나는 1번~3번 사이 땅굴에 숨어 있을게.
내가 숨은 곳을 찾아봐~

두더지가 있는 땅굴번호를 맞춰보세요(1~3): 1
아니야 난 2 에 있어.
          ^  ^
         (=XoX=)
       -(,,)-(,,)-

두더지가 있는 땅굴번호를 맞춰보세요(1~3): 2
나를 찾았군! 잘 했다.
          ^  ^
         (=^o^=)
       -(,,)❤(,,)-

두더지가 있는 땅굴번호를 맞춰보세요(1~3): 3
아니야 난 1 에 있어.
          ^  ^
         (=XoX=)
       -(,,)-(,,)-

총 3 번 중에 1 번 맞췄네!
```

예시문제

반복문으로 작성하지 않은 경우

```
print('Hello Python')
print('Hello Python')
print('Hello Python')
print('Hello Python')
print('Hello Python')
```

반복문으로 작성한 경우

```
a = 0
while a < 5:
    print('Hello Python')
    a = a + 1
```

반복문으로 작성하지 않은 경우

```
sum = 1 + 2 + 3 + 4 + 5
print(sum)
```

반복문으로 작성한 경우

```
sum = 0
a = 1
while a <= 5:
    sum = sum + a
    a = a + 1
print(sum)
```

반복문으로 작성하지 않은 경우

```
a = 1
if a % 2 == 0:
        print(a, '는 짝수입니다.')
a = 2
if a % 2 == 0:
        print(a, '는 짝수입니다.')
a = 3
if a % 2 == 0:
        print(a, '는 짝수입니다.')
a = 4
if a % 2 == 0:
        print(a, '는 짝수입니다.')
a = 5
if a % 2 == 0:
        print(a, '는 짝수입니다.')
```

반복문으로 작성한 경우

```
a = 1
while a <= 5:
    if a % 2 == 0:
        print(a, '는 짝수입니다.')
    a = a + 1
```

연습문제

1. 아래 코드의 실행결과를 쓰세요. 오류가 발생하면 오류라고 쓰세요.

```
a = 1
while a <= 3:
    print('프로그래밍은 참 재밌습니다.')
    a = a + 1
```

실행결과:

```
a = 1
while a <= 3:
    print('프로그래밍은 참 재밌습니다.')
a = a + 1
```

실행결과:

```
a = 10
while a < 5:
    print('computer')
    a = a + 1
print('programming')
```

실행결과:

```
a = 1
s = 0
while s < 10:
    s = s + a
    a = a + 2
print('s=', s, 'a=', a)
```

실행결과:

```
a = 1
s = 0
while a < 10 and s < 10:
    s = s + a
    a = a + 2
print('s=', s, 'a=', a)
```

실행결과:

```
a = 'start'
s = 0
while a != 'end':
    s = s + 10
    if s > 50:
        a = 'end'
print('s=', s)
```

실행결과:

실습문제

1. 사용자로부터 점수를 입력받아 점수가 70점 이상이면 '합격입니다', 70점 미만이면 '불합격입니다'를 출력하는 과정을 3번 반복하는 프로그램을 작성하세요.

실행결과

```
점수를 입력하시오: 10
불합격입니다.
점수를 입력하시오: 80
합격입니다.
점수를 입력하시오: 70
합격입니다.
```

2. 10부터 1까지 1씩 감소하면서 출력하는 프로그램을 작성하세요. 단, 숫자를 출력할 때는 1초간 멈추었다가 출력한다.

실행결과

```
10 9 8 7 6 5 4 3 2 1 발사!
```

3. 1부터 10사이의 난수를 3번 발생시켜, 짝수가 몇 개인지를 구하여 출력하는 프로그램을 작성하세요.

실행결과

```
발생된 난수: 4 9 10
짝수는 2 개입니다.
```

4. 양의 정수를 입력받아, 합계와 평균을 구하여 출력하는 프로그램을 작성하세요. 이때, '입력끝'이 입력되면 합계와 평균을 출력하고 종료한다.

실행결과

```
정수 입력: 50
정수 입력: 64
정수 입력: 14
정수 입력: 60
정수 입력: 10
정수 입력: 입력끝
합계는 198 이고, 평균은 39.6 입니다.
```

5. 단을 입력받아, 해당 단의 구구단을 출력하는 프로그램을 작성하세요.

실행결과 | 5를 입력한 경우

```
단을 입력해주세요: 5
5 * 1 = 5
5 * 2 = 10
5 * 3 = 15
5 * 4 = 20
5 * 5 = 25
5 * 6 = 30
5 * 7 = 35
5 * 8 = 40
5 * 9 = 45
```

6. 요금을 입력받아 각 화폐 단위의 필요 개수를 출력하는 프로그램을 작성하세요. 요금은 정수로 입력되며, 화폐로는 50000원, 10000원, 5000원, 1000원, 500원, 100원, 50원, 10원이 있다.

실행결과 | 6360를 입력한 경우

```
요금을 입력하세요: 6360

50000 원: 0 개
10000 원: 0 개
 5000 원: 1 개
 1000 원: 1 개
  500 원: 0 개
  100 원: 3 개
   50 원: 1 개
   10 원: 1 개
```

tip

변수 n의 정수값을 5개의 자리에 출력하려면 print('%5d' %n)라고 작성한다. 만약 변수 n에 저장된 값의 자릿수가 지정된 자릿수보다 작으면 출력되는 값 왼쪽에 공백이 채워진다.

7. n을 입력받아, n개 항의 피보나치 수열(fibonacci numbers)을 출력하는 프로그램을 작성하세요.

피보나치 수열의 예: 1 1 2 3 5 8 13

임의의 n번째 피보나치 수는 $F_n = F_{n-1} + F_{n-2}$ 이다. 이때 $F_1 = 1$와 $F_2 = 1$ 이다.

실행결과 | 7를 입력한 경우

```
항의 개수를 입력: 7
피보나치 수열: 1 1 2 3 5 8 13
```

Summary

Chapter 5에서 우리는 두더지찾기 게임 2를 작성하면서 반복 구조와 아스키 아트 등에 대하여 학습하였다. Chapter 5에서 학습한 내용을 정리하면 다음과 같다.

- while문은 조건식이 True인 동안에 실행블록을 반복하여 수행한다. 조건식이 False이면 반복을 종료한다.
- 반복 수행되는 실행블록은 동일한 간격으로 들여쓰기 되어야 한다.
- 반복문에서 조건식은 비교연산자 혹은 논리연산자를 이용하여 표현된다.
- 아스키 아트는 아스키 문자를 이용해 만든 그림이나 도식을 말한다.
- 소리를 재생하기 위해 winsound 모듈의 Beep( ) 함수를 사용한다.
- time 모듈의 sleep( ) 함수는 일정 시간 동안 프로그램을 멈추는 기능을 한다.

Memo

Chapter 6

가위바위보 게임 2

이번 장에서는 다음과 같은 내용을 학습합니다.

가위바위보 게임 2 소개

게임 반복하기 – 무한 while과 break, 중첩 while

가위바위보 게임 2

가위바위보 게임 1은 게임을 1번하여 승자를 결정하는데 가위바위보 게임 2는 while문을 중첩으로 사용하여 가위바위보 게임을 3번하고 다승을 한 사람을 승자로 결정한다. 이후 게임을 반복할지 여부를 사용자에게 물어보고 3판 다승제 게임을 반복하도록 작성한다.

프로그램의 소스코드

```
import random
print('가위~', '바위~', '보~!!!!! ')
print('3판 다승제 가위바위보~!!!!! ')

while True:
    print( )
    print('삼세판 가자~')
    cnt, cnt_userWin, cnt_comWin = 0, 0, 0

    while cnt < 3:
        print('-'*50)

        # 사용자값 및 컴퓨터값 결정 --------------------------------
        yourHand = input('가위~ 바위~ 보 ! 중에 하나를 골라주세요~   ')
        comRandom = random.randint(1,3)
        if comRandom == 1:
            comHand = '가위'
        elif comRandom == 2:
            comHand = '바위'
        else:
            comHand = '보'
```

```
        # 승부판단 ----------------------------------------------
        ## 컴퓨터가 이기는 경우
        if ((comHand == '가위' and yourHand =='보')
            or (comHand == '바위' and yourHand =='가위')
            or (comHand == '보' and yourHand =='바위')):
                winner = '컴퓨터'
        ## 사용자가 이기는 경우
        elif ((comHand == '가위' and yourHand =='바위')
              or (comHand == '바위' and yourHand =='보')
              or (comHand == '보' and yourHand =='가위')):
                winner = '당신'
        ## 비기는 경우
        else:
            winner = '비김'

        # 승부결과출력----------------------------------------------
        if winner == '당신':
            print('당신 이김! (You:',yourHand,', Com:',comHand,')')
            cnt_userWin = cnt_userWin + 1
        elif winner == '컴퓨터':
            print('컴퓨터 이김! (You:',yourHand,', Com:', comHand,')')
            cnt_comWin = cnt_comWin + 1
        else:
            print('무승부! (You:',yourHand,', Com:', comHand,')')
        cnt = cnt + 1

    print('-'*50)
    # 3판 다승제 승자 결정 ----------------------------------------
    print( )
    if cnt_userWin > cnt_comWin:
        print('>>> 당신이 최종 승리! <<<')
    elif cnt_comWin > cnt_userWin:
        print('>>> 컴퓨터가 최종 승리! <<<')
```

```
    else:
        print('>>> 무승부 <<<')
    print( )

    # 가위바위보 반복실행 여부 결정 --------------------------------
    if input('그만 하시겠습니까? (y/n)  ') == 'y':
        break
```

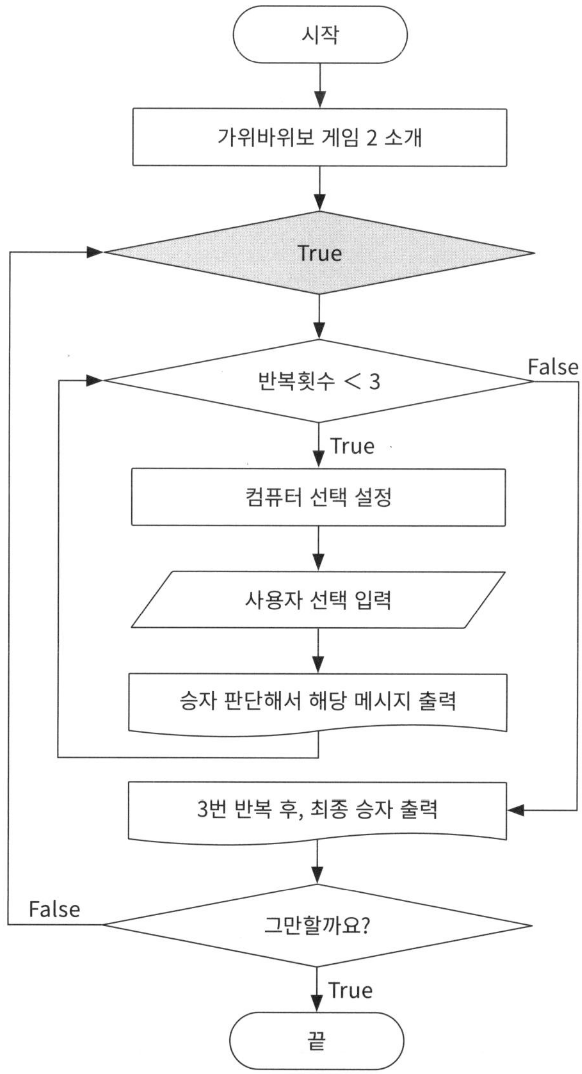

소스코드 설명 줄 1은 난수 발생 함수 randint( )를 사용하기 위해 random 모듈을 불러온다. 줄 2~3은 가위바위보 게임 2의 소개를 화면에 출력한다. 줄 5~61은 무한 반복문의 실행블록으로 가위바위보를 계속 반복하게 된다. 줄 8은 가위바위보 게임의 반복횟수(cnt)와 사용자 승수(cnt_userWin), 컴퓨터 승수(cnt_comWin)를 저장하기 위한 변수를 생성하고 초기값을 지정한다. 줄 10~46은 3판 다승제를 while 반복문으로 구성한 것으로 줄 13~21은 사용자와 컴퓨터가 '가위', '바위', '보' 중에서 하나를 선택하는 부분이다. 줄 22~35는 사용자와 컴퓨터가 선택한 것이 무엇인지를 확인하여 if문을 이용하여 승자를 판단한다. 줄 37~46은 3판 다승제에서 각 판의 승자 판단 결과를 화면에 출력하고 사용자승수와 컴퓨터승수를 1씩 증가시킨다. 줄 50~57은 3판 다승제의 결과에 따라 다승한 사람이 누군인지를 출력하고 3판 다승제를 종료한다. 이후 줄 60~61에서는 3판 다승제를 반복할지를 확인하는 과정을 수행한다.

실행결과 설명 아래는 컴퓨터와 사용자가 3판 다승제로 가위바위보 게임을 2번 반복해서 수행하는 경우이다. 첫 번째 3판 다승제에서는 컴퓨터가 첫 번째 판에서 1승을 하고, 사용자가 두 번째 판과 세 번째 판에서 2승을 하여 사용자가 최종 승리를 하였다. 이후 사용자가 계속 하겠다고 선택을 하여 두 번째 3판 다승제를 시행한다. 두 번째 3판 다승제에서는 사용자가 1승, 컴퓨터 1승, 무승부가 1회 나오면서 전체적으로 무승부로 결정되었다. 이후 종료된다.

프로그램 실행결과 | 3판 다승제 후 게임을 반복한 경우

```
가위~ 바위~ 보~!!!!!
3판 다승제 가위바위보~!!!!!

삼세판 가자~
--------------------------------------------------
가위~ 바위~ 보 ! 중에 하나를 골라주세요~  가위
컴퓨터 이김! (You: 가위 , Com: 바위 )
--------------------------------------------------
가위~ 바위~ 보 ! 중에 하나를 골라주세요~  바위
당신 이김! (You: 바위 , Com: 가위 )
--------------------------------------------------
가위~ 바위~ 보 ! 중에 하나를 골라주세요~  보
당신 이김! (You: 보 , Com: 바위 )
--------------------------------------------------
```

```
>>> 당신이 최종 승리! <<<

그만 하시겠습니까? (y/n)  n

삼세판 가자~
--------------------------------------------------
가위~ 바위~ 보 ! 중에 하나를 골라주세요~   가위
당신 이김! (You: 가위 , Com: 보 )
--------------------------------------------------
가위~ 바위~ 보 ! 중에 하나를 골라주세요~   바위
컴퓨터 이김! (You: 바위 , Com: 보 )
--------------------------------------------------
가위~ 바위~ 보 ! 중에 하나를 골라주세요~   보
무승부! (You: 보 , Com: 보 )
--------------------------------------------------

>>> 무승부 <<<

그만 하시겠습니까? (y/n)  y
```

무한 while과 break, 중첩 while

5장에서 while 반복문은 조건식을 만족하는 동안 실행블록을 반복하여 수행한다고 배웠다. 조건식이 만족하는지의 여부에 따라 반복횟수가 결정되었는데 조건식이 없이 항상 반복을 해야 하는 경우도 있다. 무한 while과 break는 조건식으로 횟수를 정하지 않고 반복을 하다가 특정 조

문법	순서도	의미
while True: 실행블록	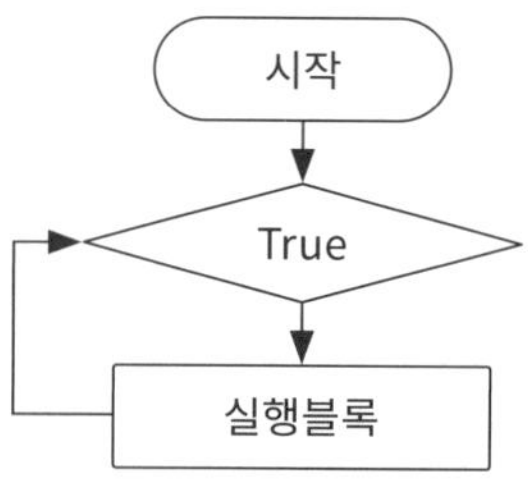	의도적으로 무한 반복을 하는 경우로 윈도우나 스마트폰에서 사용자의 입력이 없다면 대기화면에서 무한 대기하는 등에 활용한다.

while True:
    실행블록1
    if 조건식:
        실행블록2
        break
	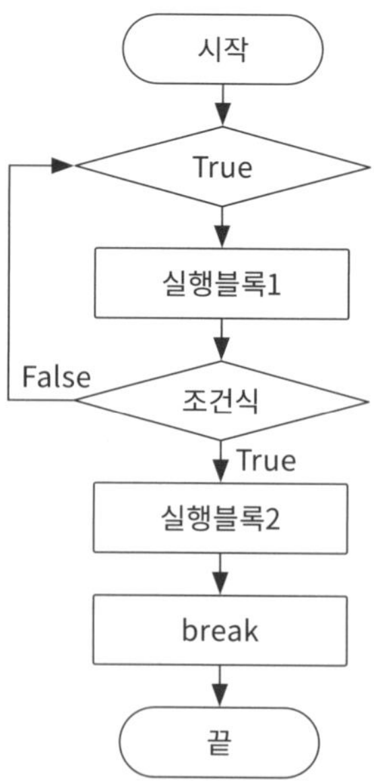	while의 실행블록을 무한 반복하다가 실행블록의 일부인 if 조건식을 만족하게 되면 break문을 이용하여 반복을 멈추고 빠져나온다.

건이나 상황이 되면 while 내부에서 반복을 중단하기 위해서 사용한다. 무한 while문은 조건식의 위치에 True가 입력되어 항상 조건을 만족한다고 판단한다.

while문의 실행블록은 if문과 같이 들여쓰기가 된 부분들로 반복 실행하는 내용들은 동일한 간격으로 들여쓰기가 되어 있어야 한다. break문은 while 반복문 안에서 사용하는 명령어로 break문이 실행되면 실행하고 있던 반복문을 빠져 나오게 된다.

4장에서 배웠던 중첩 if문은 실행블록 내에 if문이 있어 각각의 조건식을 검사하는 형태였다. 중첩 while문도 이와 같이 실행블록 내에 while문이 있어 각각의 조건식을 검사하여 반복수행하는 형태이다. 이때 각각을 외부 while문과 내부 while문이라고 한다.

문법	순서도	의미

while 조건식1:
    실행블록1
    while 조건식2:
        실행블록2
	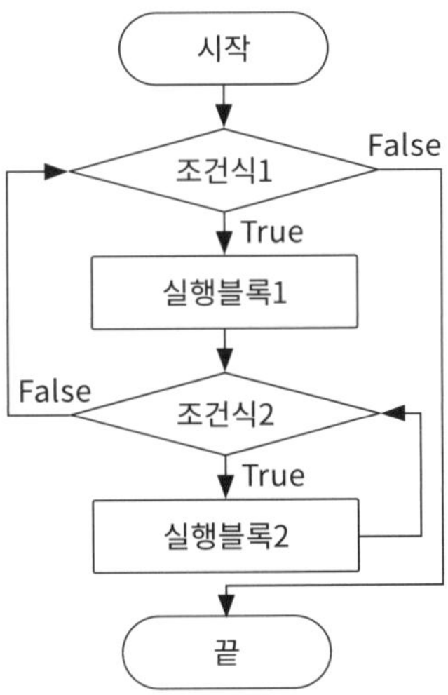	외부 while문이 한 번 실행될 때 내부 while문은 조건식2가 만족하는 동안 여러 번 반복 실행된다.
		
		외부 while문은 위의 실행과정을 조건식1이 만족하는 동안 반복 실행하게 된다.

예시문제

```
# 1
while True:
    print('You are in my heart.')
print('Oh My God!')


# 2
while True:
    print('무한 반복')
    break


# 3
a = 1
while a <= 2:
    b = 1
    while b <= 3:
        print(a, '*', b, '=', a*b)
        b = b + 1
    a = a + 1
```

tip

무한 반복되는 프로그램을 강제로 멈추려면 "ctrl+C" 키를 누르면 된다.

연습문제

1. 아래 코드의 실행결과를 쓰세요. 오류가 발생하면 오류라고 쓰세요.

```
cnt = 1
while True:
    print('당신은 참 좋은 사람입니다')
    if cnt > 3:
        break
    cnt = cnt + 1
print('감사합니다')
```

실행결과:

```
num1 = 1
while num1 <= 3:
    num2 = 1
    while True:
        print(num1, num2)
        if num1 == num2:
            break
        num2 = num2 + 1
    num1 = num1 + 1
```

실행결과:

```
cnt = 1
while cnt < 5:
    num = 1
    sum = 0
    while num < cnt:
        sum = sum + num
        num = num + 1
    cnt = cnt + 1
print(cnt, num, sum)
```

실행결과:

tip

sum, max, min 등과 같은 단어는 예약어로 지정되어 있어 변수명으로 사용하면 변수명이 검은색이 아닌 다른 색으로 표시되지만 사용에는 문제가 없다.

실습문제

1. 중첩 while문 혹은 다중 while문을 사용하여 다음 3가지 모형을 출력하는 프로그램을 작성하세요.

```
      *              *********      1
     ***              *******       2 3
    *****              *****        4 5 6
   *******              ***         7 8 9 10
  *********              *          11 12 13 14 15
 ***********            ***         16 17 18 19 20 21
*************          *****        22 23 24 25 26 27 28
                      *******
                     *********
     (1)                (2)                (3)
```

2. 1단부터 3단까지 구구단을 출력하는 프로그램을 작성하세요.

실행결과

```
1 * 1 = 1      2 * 1 = 2      3 * 1 = 3
1 * 2 = 2      2 * 2 = 4      3 * 2 = 6
1 * 3 = 3      2 * 3 = 6      3 * 3 = 9
1 * 4 = 4      2 * 4 = 8      3 * 4 = 12
1 * 5 = 5      2 * 5 = 10     3 * 5 = 15
1 * 6 = 6      2 * 6 = 12     3 * 6 = 18
1 * 7 = 7      2 * 7 = 14     3 * 7 = 21
1 * 8 = 8      2 * 8 = 16     3 * 8 = 24
1 * 9 = 9      2 * 9 = 18     3 * 9 = 27
```

3. 정수 1부터 100사이의 난수 N을 발생시켜, 1부터 N 사이의 소수를 찾아 출력하는 프로그램을 작성하세요. 단, 소수(prime number)는 1과 자기 자신으로만 나누어지는 수이다.

실행결과 | 발생된 난수가 50인 경우

```
발생된 난수: 50
1부터 50까지의 수 중에서 소수: 2 3 5 7 11 13 17 19 23 29 31 37 41 43 47
총 15 개의 소수가 있습니다
```

4. 임의의 정수를 입력받아 다음과 같은 수열의 합을 출력하는 프로그램을 작성하세요.

실행결과 | 5가 입력된 경우

```
정수 입력: 5
(1) + (1 + 2) + (1 + 2 + 3) + (1 + 2 + 3 + 4) + (1 + 2 + 3 + 4 + 5) = 35
```

5. 정수 n를 입력받아 1부터 n까지 1씩 증가시키면서 n-제곱의 값을 다음과 같이 출력하는 프로그램을 작성하세요.

실행결과 | 5가 입력된 경우

```
정수 입력: 5
n  n**1  n**2  n**3  n**4  n**5
1  1     1     1     1     1
2  2     4     8     16    32
3  3     9     27    81    243
4  4     16    64    256   1024
5  5     25    125   625   3125
```

6. 다음 순서와 같이 별다방 음료값을 계산하는 프로그램을 작성하세요.
   (1) 음료 메뉴를 화면에 출력한다.
   (2) 실행결과 예시처럼 손님의 이름과 메뉴, 수량을 차례대로 입력받는다.
   (3) 추가 주문이 있다면 메뉴와 수량을 반복해서 입력받고, 없다면 "메뉴 선택"에 0을 입력받는다.
   (4) 0이 입력되면 주문이 완료되고, 손님의 총 음료값을 출력한다.
   (5) 다음 손님이 있는지 물어보고, 'y'이면 (2)부터 (4)를 반복한다.

실행결과 | 지원이와 주현이가 각각 여러 개의 음료를 주문하는 경우

```
당신은 별다방에 왔습니다.

---별다방 메뉴---
[1] 아메리카노: 5500원
[2] 카페라떼: 6000원
[3] 카푸치노: 6500원
[0] 종료

음료를 주문하세요.
당신의 이름: 지원
메뉴 선택: 1
수량 선택: 2
메뉴 선택: 2
수량 선택: 1
메뉴 선택: 0
지원 님의 총 요금은 17000 원 입니다
다음 손님 있습니까(y/n)? y
음료를 주문하세요.
당신의 이름: 주현
메뉴 선택: 3
수량 선택: 1
메뉴 선택: 0
주현 님의 총 요금은 6500 원 입니다
다음 손님 있습니까(y/n)? n
```

Summary

Chapter 6에서는 가위바위보 게임 2를 통해 무한 while과 break, 중첩 while에 대해서 학습해보았다. 주요 내용은 다음과 같다.

- while문의 조건식에 True를 입력하여 의도적으로 무한히 반복하는 프로그램을 작성할 수 있으며 이를 무한 while문이라고 부른다.
- 무한 while문에서 반복을 중지하기 위해서는 break문을 사용한다.
- while문의 실행문장에 while문이 포함된 경우 중첩 while문이라고 부르며, 외부 while문과 내부 while문으로 구분된다.
- 중첩 while문에 사용되는 while문의 수는 이론적인 한계가 없으나 중첩하면 할수록 수행시간은 더 오래 걸릴 수 있다.

Memo

Chapter 7

지뢰찾기 게임

이번 장에서는 다음과 같은 내용을 학습합니다.

지뢰찾기 게임 소개

게임 작성하기 – 리스트와 이진 검색

리스트 응용 – 관련함수, in, range( ), 다차원 리스트

지뢰찾기 게임

지뢰찾기 게임은 게임판이 여러 개의 칸으로 나누어져 있고, 무작위로 선택된 칸에 숨겨져 있는 지뢰를 사용자가 찾아내는 게임이다. 리스트를 사용하여 30개의 칸으로 구성된 게임판을 만들고, 게임판의 각 칸은 0부터 29까지의 일련번호로 식별된다. 난수를 생성해서 30개의 칸 중에 하나의 칸에 지뢰를 숨겨 놓는다. 사용자는 이진 검색 방법을 이용하여 검색 범위를 줄여가면서 지뢰가 숨겨져 있는 칸 번호를 추측하여 지뢰를 찾아간다.

다음은 지뢰찾기 게임의 소스 코드이다.

프로그램의 소스코드

```
import random
improt math

print('='*60)
print('지뢰찾기게임 - 주어진 횟수 안에 지뢰를 찾으세요')
print('='*60)

start, end = 0, 29
minefield = list(range(start, end+1))
minePos = random.randint(0, len(minefield)-1)
minefield[minePos] = 'MINE'
numTrials = math.ceil(math.log(len(minefield), 2))

cntTrials = 0
while cntTrials < numTrials:
    print(start, '~', end, '사이의 지뢰를 찾아보세요:  ', end=' ')
    guessPos = int(input( ))
    cntTrials = cntTrials + 1
```

```
    if guessPos == minePos:
        print(cntTrials, '번 만에 지뢰를 찾았습니다.')
        minefield[minePos] = 'FLAG'
        break
    elif guessPos > minePos:
        print('지뢰는 더 낮은 칸에 있습니다.')
        end = guessPos - 1
    else:
        print('지뢰는 더 높은 칸에 있습니다.')
        start = guessPos + 1
    print('남은 횟수:', numTrials-cntTrials, '\n')

if minefield[minePos] != 'FLAG':
    print('펑~ 지뢰를 못 찾았습니다.')
```

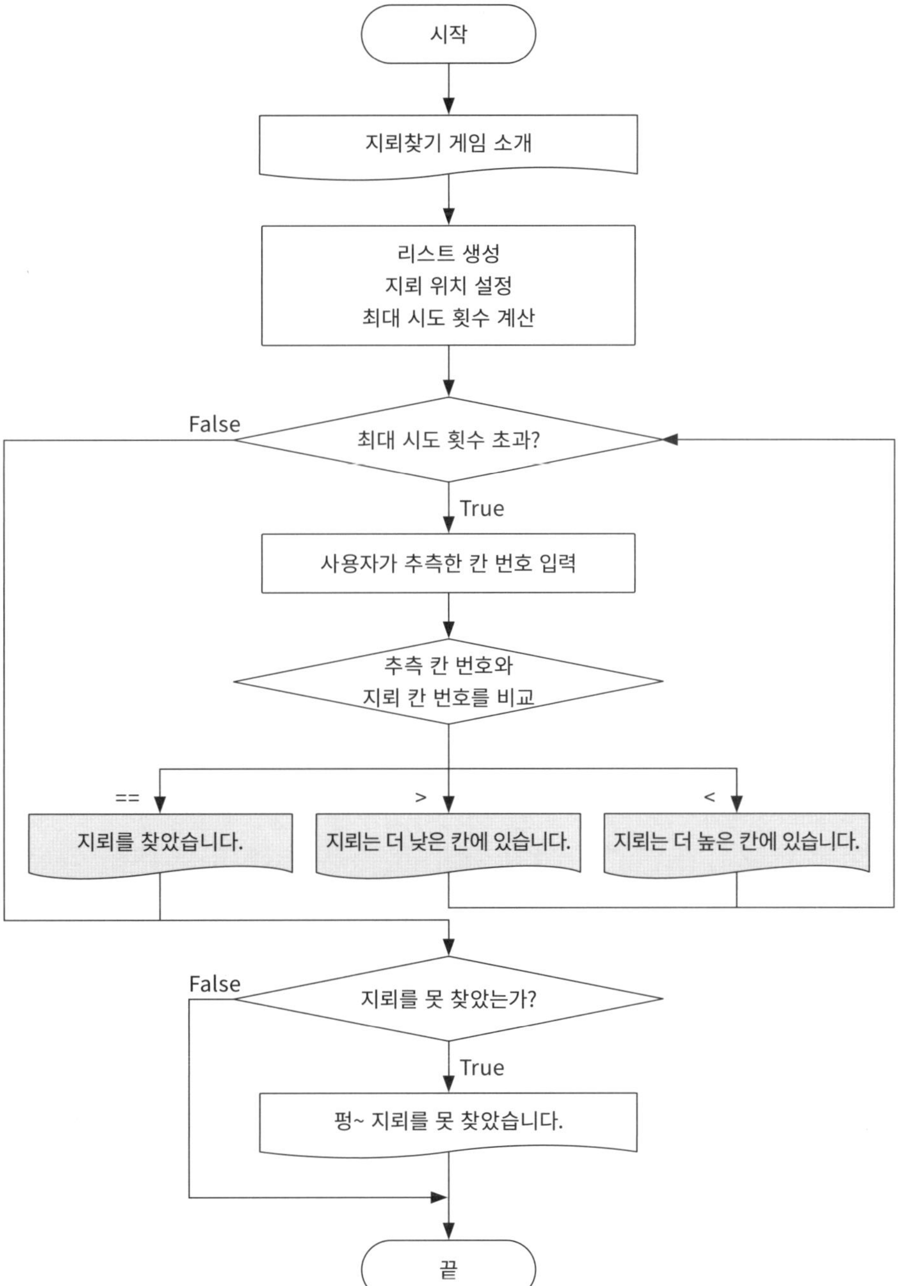
시작
지뢰찾기 게임 소개
리스트 생성
지뢰 위치 설정
최대 시도 횟수 계산
False
최대 시도 횟수 초과?
True
사용자가 추측한 칸 번호 입력
추측 칸 번호와
지뢰 칸 번호를 비교
==
>
<
지뢰를 찾았습니다.
지뢰는 더 낮은 칸에 있습니다.
지뢰는 더 높은 칸에 있습니다.
False
지뢰를 못 찾았는가?
True
펑~ 지뢰를 못 찾았습니다.
끝

소스코드 설명 줄 1~2는 프로그램에서 random 모듈과 math 모듈을 사용하기 import를 수행한다. 줄 4~6은 지뢰찾기 게임에 대한 소개를 출력한다. 줄 8~12에서는 먼저 리스트의 처음과 끝을 나타내는 인덱스 값을 변수 start와 end에 각각 저장한 뒤, minefield라는 리스트를 생성한다. 리스트 minefield에는 칸 번호를 나타내는 정수 0부터 29가 크기 순서대로 저장된다. 변수 minePos는 지뢰가 있는 칸의 번호로 randint( ) 함수를 사용하여 0부터 29(minefield의 길이-1) 사이의 값이 무작위로 선택된다. 줄 12에서는 이진 검색에서 최대 비교 횟수를 계산하기 위해 ceil( ) 함수와 log( ) 함수를 사용한다. 줄 14는 시도 횟수인 변수 cntTrials의 값을 0으로 초기화한다. 줄 15~31은 최대 시도 횟수만큼 while문을 반복 수행한다. 줄 16~17에서는 지뢰가 숨어 있는 칸의 번호를 추측하라는 설명을 출력하고 사용자가 추측하는 칸의 번호를 입력받아 변수 guessPos에 저장한다. 줄 20~29는 사용자가 추측한 칸의 번호가 저장된 guessPos와 지뢰가 실제 숨어 있는 칸의 번호가 저장된 minePos를 비교하여 두 번호가 같은 경우에는 '지뢰를 찾았습니다.'를 출력하고 작거나 큰 경우에는 '지뢰는 더 낮은 칸에 있습니다.' 혹은 '지뢰는 더 높은 칸에 있습니다.'라고 출력한다. 줄 30에서는 남은 시도 횟수를 출력한다. 줄 32~33에서는 while 반복문이 종료된 후 지뢰를 못 찾은 경우에 해당하는 메시지를 출력한다.

실행결과 설명 지뢰찾기 게임을 수행한 결과이다. 30개의 칸으로 이루어진 리스트의 한 칸에 지뢰가 숨겨져 있는데 이진 검색을 이용하면 최대 5번의 시도 안에 찾을 수 있다. 첫 번째 시도에서 칸 번호 0~29 사이의 중간 값인 14를 입력하여 '지뢰는 더 낮은 칸에 있습니다.'라는 결과가 출력되고 남은 횟수는 4가 되었다. 두 번째 시도에서는 첫 번째 시도의 결과에서 지뢰가 실제 있는 칸 번호가 14보다 작다고 했으므로 지뢰가 있을 가능성이 있는 칸 번호는 0~13으로 검색 범위가 좁혀지고, 다시 칸 번호 0~13사이의 중간 값 6을 입력하였다. 그 결과 '지뢰는 더 높은 칸에 있습니다.'라는 결과가 출력되고 남은 횟수는 3이 되었다. 세 번째 시도와 네 번째 시도도 위와 동일하게 진행되어 네 번째 시도에서 지뢰를 찾았다.

프로그램 실행결과

```
=================================================================
지뢰찾기게임 - 주어진 횟수 안에 지뢰를 찾으세요
=================================================================
0 ~ 29 사이의 지뢰를 찾아보세요:   14
지뢰는 더 낮은 칸에 있습니다.
남은 횟수: 4

0 ~ 13 사이의 지뢰를 찾아보세요:   6
지뢰는 더 높은 칸에 있습니다.
남은 횟수: 3

7 ~ 13 사이의 지뢰를 찾아보세요:   10
지뢰는 더 낮은 칸에 있습니다.
남은 횟수: 2

7 ~ 9 사이의 지뢰를 찾아보세요:   8
4 번 만에 지뢰를 찾았습니다.
```

리스트

프로그램에서 변수에는 값을 1개만 저장할 수 있으나 2개 이상의 값을 저장해야 하는 경우가 있다. 파이썬에서는 2개 이상의 값을 저장하기 위해 리스트(list), 튜플(tuple), 딕셔너리(dictionary), 집합(set) 등과 같은 자료형을 지원한다. 이중 리스트에 대해서 알아보자.

리스트는 2개 이상의 값을 저장할 수 있는 자료형으로 리스트에 저장하고자 하는 값을 대괄호([,])로 둘러싸주면 된다. 저장할 수 있는 값은 변수, 상수, 리스트 등이 가능하다. 각 값들은 아이템(item)이라고 부르며 아이템들은 쉼표(,)로 구분된다. 리스트에 저장된 아이템의 개수를 리스트의 길이라고 부른다. 아이템들은 왼쪽에서부터 차례대로 인덱스(index)를 매겨서 구분하며 인덱스는 0부터 시작한다.

다음은 1차원 리스트의 생성과 사용 예이다.

인덱스	**0 1 2**
리스트	**listA = [7.51, 3, ‘python’]**

```
listA = [7.51, 3, 'python']
print(listA[0])
print(listA[1])
print(listA[2])
listA[0] = '홍라영'
del listA[2]
print(listA)
```

실행결과

```
7.51
3
python
['홍라영', 3]
```

구분	의미	사용 예시
생성	리스트를 생성한다. 생성되는 리스트는 아이템을 가지지 않을 수도 있다.	listA = [ ] listA = list( ) listA = [1, 2, 3, 4, 5] listA = ['a,', 'b', 'c', 'd']
접근	리스트 전체를 접근할 때는 리스트의 이름을 적는다.	listA
	리스트의 아이템 하나를 접근할 때는 아이템의 인덱스를 대괄호 안에 적는다.	listA[3]
	리스트에서 2개 이상의 아이템을 접근할 때는 슬라이싱(slicing)을 사용한다. 대괄호 안에 접근하고자 하는 첫 번째 아이템의 인덱스와 마지막 아이템의 인덱스에 1을 더 한 것을 콜론(:)양쪽에 적어준다. 슬라이싱을 할 때 첫 번째나 마지막 아이템의 인덱스를 적지 않으면 해당 리스트의 첫 번째와 마지막 아이템으로 처리한다.	listA[1:3] listA[:3] listA[1:] listA[:] listA[-3:-1] listA[::-1]
추가	append( ) 함수 괄호 안에 값을 넣으면 그 값을 리스트 맨 뒤에 아이템으로 추가한다.	listA.append(5)
	insert( ) 함수 괄호 안에 인덱스와 값을 차례대로 넣어주면, 입력된 값을 리스트의 인덱스 위치에 삽입한다.	listA.insert(2, 10)
삭제	del 명령어를 적고 삭제하고자 하는 아이템의 인덱스를 적어준다. 아이템이 삭제되면 리스트의 길이는 삭제된 아이템의 수만큼 줄어들고, 아이템의 위치가 바뀌면 인덱스도 달라진다.	del listA[4]
	remove( ) 함수 괄호 안에 값을 넣으면 리스트에서 해당 값을 갖는 아이템을 삭제한다. 아이템이 없으면 오류가 발생하며, 아이템이 여러 개이면 인덱스가 작은 것을 삭제한다.	listA.remove(5)
갱신	갱신하고자 하는 아이템의 인덱스를 대괄호 안에 적고 값을 지정해준다.	listA[3] = 15

리스트 응용

리스트에서 자주 사용되는 연산자와 함수로는 다음과 같은 것들이 있다.

연산자와 함수	의미	사용 예시
in / not in	리스트뿐만 아니라 문자열, 튜플, 딕셔너리 등에 사용가능하다. 찾는 값이 리스트에 있다면 연산 결과는 True가 되고, 없다면 False가 된다.	4 in [2, 5, 7, 9] 4 not in [2, 5, 7, 9]
list( )	괄호 안에 값을 넣어주면 리스트로 만들어서 반환한다. 괄호 안에는 반복가능한 문자열, 숫자 등이 올 수 있다.	list('python') list((3,4))
range( )	괄호 안에 값을 넣어주면 해당하는 숫자들을 반환한다. 기본 형식은 range(start=0, stop, step=1)이다. start와 step은 생략 가능하며, 생략시에 기본 값은 각각 0과 1이다. 또한 반환되는 숫자들에 stop은 포함되지 않는다.	list(range(10)) list(range(1,10)) list(range(1,10,2))
len( )	괄호 안에 리스트를 넣으면 리스트의 길이를 반환한다. 리스트의 길이가 유동적인 경우 유용하게 쓰인다.	listA = [2, 15, 7, 10] len(listA)
sort( )	리스트의 값을 오름차순으로 정렬해준다.	listA.sort( )
index( )	괄호 안의 값을 갖는 아이템의 인덱스를 반환한다. 아이템이 없으면 오류가 발생한다.	listA.index(7)
extend( )	괄호 안에 문자열, 리스트 등의 값을 넣으면, 각 값을 리스트의 마지막에 차례대로 추가한다.	listA.extend('Python') listA.extend([2,5,7,9]) listA.extend(range(10))
count( )	괄호 안의 값이 몇 개 인지를 반환한다.	listA.count(10)
random.shuffle( )	괄호 안에 리스트를 넣어주면, 리스트의 아이템을 무작위 순서로 뒤섞어서 반환한다.	random.shuffle(listA)
random.sample( )	괄호 안에 리스트와 개수를 차례대로 넣어주면, 리스트에서 지정된 개수만큼 아이템을 반환한다.	random.sample(listA,5)

이진 검색(binary search)

리스트가 정렬(sort)되어 있다면 이진 검색을 이용하여 리스트의 특정 아이템을 빠르게 찾을 수 있다. 정렬에는 오름차순 정렬(ascending sort)과 내림차순 정렬(descending sort)이 있는데 이 책에서는 오름차순 정렬을 기준으로 설명한다. 오름차순 정렬은 가장 작은 값부터 크기 순서대로 값을 나열한다.

리스트에서 특정 아이템을 찾는 방법은 순차 검색(sequential search)과 이진 검색(binary search) 등이 있다. 이진 검색은 정렬된 리스트에서 중간에 위치한 아이템과 찾고자 하는 아이템의 값을 비교하여 중간 아이템의 값이 크다면 찾고자 하는 아이템은 중간 아이템의 왼쪽에 있어야 하고 중간 아이템의 값이 더 작다면 찾고자 하는 아이템이 중간 아이템의 오른쪽에 있어야 한다는 성질을 이용한다. 다음 예를 통해 이진 검색의 과정을 살펴보자.

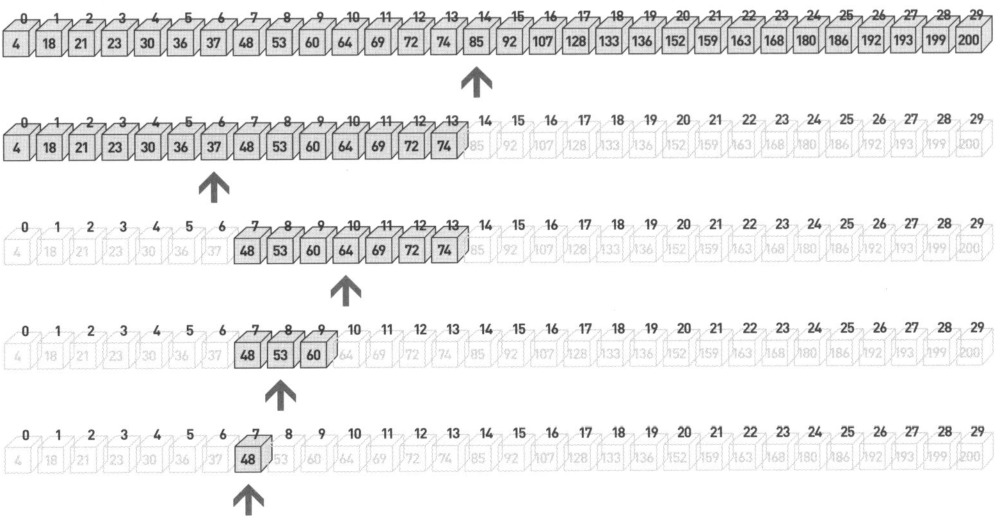

위와 같이 정렬된 리스트에서 이진 검색을 이용하면 빠르게 특정 아이템을 찾을 수 있다. 최대 검색 횟수를 k, 리스트의 길이를 N이라고 하면, $k = \lceil \log_2 N \rceil$이다. 위의 예에서는 N=30이고 $\lceil \log_2 30 \rceil$=5이므로 최대 5번 안에 아이템을 찾을 수 있다.

회	검색 범위	중간 위치 / 아이템 값	결과
1	0 ~ 29	14 / 85	중간 아이템의 값이 크다
2	0 ~ 13	6 / 37	중간 아이템의 값이 작다
3	7 ~ 13	10 / 64	중간 아이템의 값이 크다
4	7 ~ 9	8 / 53	중간 아이템의 값이 크다
5	7 ~ 7	7 / 48	아이템을 찾음

다차원 리스트

리스트를 중첩해서 2차원 리스트, 3차원 리스트 등의 다차원 리스트를 구성할 수 있다. n차원 리스트에 저장된 아이템은 n개의 대괄호를 사용하여 표현된 인덱스로 접근되며, 하나의 리스트에 서로 다른 차원으로 표현되는 자료형이 저장될 수 있다. 아래 리스트 scorelist에서와 같이 정수형의 학번(1001)과 문자열형의 이름('한소라')은 1차원 인덱스로 표현하여 접근한다. 반면에, 리스트형의 중간 점수와 기말 점수([90, 100])는 두 개의 아이템을 한 번에 모두 접근하려면 scorelist[2]와 같이 1차원 인덱스로 표현하고, 이 중에서 기말 점수에 해당하는 아이템은 2개의 대괄호를 사용하여 scorelist[2][1]과 같이 2차원 인덱스로 표현하여 접근한다.

다음은 2차원 리스트의 생성과 사용 예이다.

인덱스	**0 1 2**
리스트	**scorelist = [1001, '한여름', [90, 100]]**

```
scorelist = [1001, '한여름', [90, 100]]
scorelist.append(20)
scorelist[2][1] = 80
sumS = scorelist[2][0] + scorelist[2][1]
scorelist[2].append(sumS)
del scorelist[2][2]
col = '컴퓨터대학'
dept = '프로그램학과'
scorelist.append([col, dept])
print(scorelist)
print(scorelist[2].index(90))
```

예시문제

```
#1                                                      # 리스트 생성방법
listA = [ ]
print(listA)
listA.append(5)
print(listA)

#2                                                      # 리스트 생성방법
listA = list(range(-10, 10, 2))
print(listA)

#3                                                      # 리스트 생성방법
listA = list(range(-10, 10, -2))
print(listA)

#4                                                      # 리스트 접근
animals = ['dog', 'cat', 'turtle', 'elephant']          # 인덱스
print(animals[4])

#5                                                      # 리스트
animals = ['dog', 'cat', 'turtle', 'elephant']          # in과 슬라이싱
print('pig' in animals)
print('cat' in animals)
print(animals[1:3])
print(animals[1:4])
print(animals[:2])
print(animals[2:])
print(animals[::-1])

#6                                                      # 2차원 리스트
colorList = ['red', 'black', 'blue', 'white', 'yellow']
animals = ['dog', 'cat', 'turtle', 'elephant']
sodaList = ['콜라', '사이다', '우유', '밀키스', '웰치스']
total = [colorList, animals, sodaList, 'list of lists']
print(total)
```

연습문제

1. 아래 코드의 실행결과를 쓰세요. 오류가 발생하면 오류라고 쓰세요.

```
sodaList = ['콜라', '사이다', '우유', '밀키스', '웰치스']
sodaList[2] = '환타'
print(sodaList)
del sodaList[1]
print(sodaList[1])
```

실행결과:

```
animals = ['dog', 'cat', 'turtle', 'elephant']
k = 0
while k < len(animals):
    print(animals[k])
    k = k + 1
```

실행결과:

```
total = [1,2,3,4,5,6]
AddList = total[:3] + [7] + total[3:]
print(AddList)
```

실행결과:

```
numList = [1, 7, 9, 10, 13, 17]
cnt = sumA = 0
while cnt < len(numList):
    sumA = sumA + numList[cnt]
    cnt = cnt + 1
print('sum: ', sumA)
```

실행결과:

```
nameList = ['김철수', '나민국', '박영희', '이승리', '정의감']
nameList.append('누구게')
nameList.sort( )
print(nameList)
```

실행결과:

```
sodaList = ['콜라', '사이다', '우유', '밀키스', '웰치스']
sodaList[sodaList.index('사이다')]='맥콜'
print(sodaList)
print(sodaList.index('사이다'))
```

실행결과:

실습문제

1. 다음 안내에 따라 리스트를 생성하고 작업을 수행하세요.

본인이 좋아하는 노래, 색, 음식을 각각 FavSongs, FavColors, FavFoods 라는 이름의 리스트에 5개 이상의 아이템으로 저장하고, 다음 작업을 수행하세요.
- FavSongs의 인덱스가 3인 아이템을 삭제한 후 FavSongs를 출력하세요.
- FavColors의 마지막에 'Black'를 추가한 후 FavColors를 출력하세요.
- FavFoods의 인덱스가 2~4인 아이템을 출력하세요.

실행결과

```
['힘든 건 사랑이 아니다.', '테스형', '별 보러 가자', '퍼미션 투 댄스']
['Red', 'Pink', 'White', 'Blue', 'Ivory', 'Black']
['김치전', '순두부찌개', '갈비찜']
```

2. 1에서 100 사이의 임의의 숫자 10개를 생성해서 리스트에 추가한 후 다음과 같이 실행되도록 프로그램을 작성하세요. 중복숫자를 허용하며 최댓값이나 최솟값이 중복인 경우는 인덱스가 가장 작은 것을 출력한다.

실행결과

```
생성된 리스트:  [11, 68, 21, 34, 98, 80, 44, 94, 74, 22]
최댓값은 98 , 최댓값의 인덱스 위치는 4
최솟값은 11 , 최솟값의 인덱스 위치는 0
```

3. 1부터 20까지 숫자가 저장된 리스트를 뒤섞은 후에, 인덱스가 2의 배수 혹은 3의 배수의 위치에 있는 값들을 새로운 리스트에 저장하여 출력하는 프로그램을 작성하세요.

실행결과

```
뒤섞은 후:  [8, 14, 5, 11, 4, 9, 7, 10, 19, 3, 18, 2, 6, 12, 1, 16, 13,
15, 20, 17]
골라낸 후:  [8, 5, 11, 4, 7, 19, 3, 18, 6, 1, 16, 13, 20]
```

4. 로또게임은 1~45 사이에서 무작위로 선택된 숫자 6개가 무엇인지를 맞추는 게임이다. 이 게임을 하려면 정답 숫자 6개를 중복없이 골라야 한다. 다음 조건에 맞추어 1~45 사이에서 중복없이 임의의 숫자 6개를 고르는 프로그램을 작성하세요.

- **리스트와 shuffle을 이용하는 방법: 1~45가 저장되어 있는 리스트를 생성한 후 뒤섞고 첫 번째부터 여섯 번째까지 숫자를 골라내어 새로운 리스트에서 저장한다.**
- **리스트와 in을 이용하는 방법: 1~45 사이의 임의의 숫자를 생성한 뒤 리스트에 동일한 숫자가 있는 지 검사하고 리스트에 없다면 리스트에 추가하고, 있다면 추가하지 않는다.**

실행결과

```
Shuffle 이용:  [44, 15, 24, 32, 34, 14]
in 이용:       [40, 12, 30, 8, 34, 3]
```

5. 리스트에 한글이름 30개를 저장하고, 사용자로부터 한글이름을 입력받아 리스트에서 찾아 이름이 저장된 인덱스 위치를 출력하는 프로그램을 작성하세요. 단, 이름이 없다면 '이름이 리스트에 없습니다.' 라고 출력하며, index( ) 함수는 사용할 수 없다.

실행결과

```
찾고자 하는 이름을 입력하세요:  나민국
나민국은 인덱스가 2인 위치에 있습니다.
```

6. 다음 두 리스트에는 특정 상품을 판매하고 있는 인터넷 사이트와 특정 상품의 가격이 순서에 맞게 저장되어 있다. 특정 상품을 최저가에 판매하고 있는 인터넷 사이트의 이름을 모두 출력하는 프로그램을 작성하세요.

```
siteList = ['코팡', '네버', '너사', '다이써', '야너두', '옥셩', '싹', '이몬', '삼마트', '막커리']
priceList = [1000, 2000, 3000, 1000, 3000, 2000, 1000, 2000, 1000, 1000]
```

실행결과

```
코팡 다이써 싹 삼마트 막커리 에서 최저가 1000원에 판매하고 있습니다.
```

Summary

Chapter 7에서는 지뢰찾기 게임을 프로그래밍하면서 리스트에 대해서 알아보았다. 주요 내용은 다음과 같다.

- 리스트는 하나 이상의 값을 저장할 수 있는 자료형으로 숫자, 문자열, 계산식, 리스트 등이 아이템의 값으로 저장된다.
- 리스트는 아이템의 생성, 접근, 추가, 삭제, 갱신이 가능하며 각 아이템은 인덱스로 구분한다.
- 리스트에서 주로 사용되는 함수로는 list( ), range( ), len( ), sort( ), remove( ), insert( ), index( ), extend( ) 등이 있다.
- 이진 검색은 정렬되어 있는 리스트에서 중간 위치에 있는 아이템의 값과 비교하여 찾고자 하는 아이템의 값이 있는 위치를 빠르게 찾는 방법이다. 리스트의 길이를 N이라고 할 때, 최대 $k = \lceil \log_2 N \rceil$ 번에 찾을 수 있다.

Memo

Chapter 8

선택 정렬과 이진 검색

이번 장에서는 다음과 같은 내용을 학습합니다.

선택 정렬과 이진 검색 소개

프로그램 작성하기 – 반복문 for와 중첩 for문

문자열 처리하기 – 관련 함수

선택 정렬과 이진 검색

선택 정렬과 이진 검색 프로그램은 최솟값 선택 정렬 알고리즘을 이용하여 리스트의 값을 정렬한 후, 이진 검색을 이용하여 정렬된 리스트에서 사용자가 찾고자 하는 키(key) 값이 몇 번째 위치에 있는지를 찾아주는 프로그램이다.

프로그램의 소스코드

```
## 선택 정렬 (selection sort) 후 이진 검색으로 값 찾기

import random
listA = []
lengthListA = 20

while len(listA) < lengthListA:
    rnd = random.randint(1, int(lengthListA*1.5))
    if rnd not in listA:
        listA.append(rnd)
print('정렬 전:', listA)

for i in range(len(listA)-1):
    min_idx = i
    for j in range(i+1, len(listA)):
        if listA[min_idx] > listA[j]:
            min_idx = j
    listA[i], listA[min_idx] = listA[min_idx], listA[i]
print('정렬 후:', listA)

```

```
21 key = int(input('찾고자 하는 키 값을 입력하세요: '))
22
23 start, end, cnt = 0, len(listA)-1, 0
24 while start <= end:
25     mid = int((start+end)/2)
26     cnt = cnt + 1
27     if listA[mid] == key:
28         print(key,'(을)를 리스트의',mid+1,'번째 에서',cnt,'번 검색하여
29 찾았습니다.')
30         break
31     elif listA[mid] > key:
32         end = mid - 1
33     else:
34         start = mid + 1
35
36 if start > end:
37     print(cnt, '번 검색했지만', key, '은(는) 리스트에 없습니다.')
```

소스코드 설명 줄 3~5는 프로그램에서 필요한 random 모듈을 import하고 listA와 listA의 길이를 지정한다. 줄 7~10에서는 listA에 1에서 30(=listA의 길이×1.5) 사이의 정수를 중복없이 추가한다. 줄 13~18은 선택 정렬을 수행하는 부분으로 리스트의 첫 번째 위치부터 마지막 위치까지에 들어갈 값들을 가장 작은 값부터 가장 큰 값까지 순서대로 골라 차례대로 배열하여 정렬한다. 줄 21에서는 찾고자하는 값을 입력받아 변수 key에 저장한다. 줄 23~34는 이진 검색을 수행하는 부분으로 리스트에서의 중간 위치(mid)를 계산한 뒤 해당 위치에 있는 값과 key값의 크기를 비교하여 검색 범위를 줄여가며 key값을 검색한다. 줄 27~34는 key값과 중간 값이 같은 경우와 key값이 중간 값보다 작거나 커서 검색 범위를 줄이는 경우 각각에 수행할 내용이다. 줄 36~37에서는 찾고자 하는 key값이 리스트에 없는 경우의 메시지를 출력한다.

실행결과 설명 실행결과에서 첫 번째 출력된 정렬 전 리스트는 무작위 정수를 입력한 리스트를 생성하고 리스트에 중복된 숫자가 없는 지 확인하기 위한 것이다. 두 번째 출력된 정렬 후 리스트는 오름차순 최솟값 선택 정렬을 수행한 후의 정렬된 리스트를 출력한 것이다. 리스트를 정렬 한 후, 사용자로부터 찾고자 하는 키 값을 입력받아 이진 검색을 수행하여 리스트에서 해당 값이 있

는 위치를 출력한다. 예를 들어 첫 번째 실행결과와 같이 사용자가 15를 입력한 경우 15가 정렬된 리스트에서 11번째 위치에 있고, 4번의 검색을 통해 찾았다고 메시지를 출력한다. 두 번째 실행결과는 사용자가 입력한 값이 리스트에 없는 경우이다.

프로그램 실행결과 | 리스트에 키 값이 있는 경우

```
정렬 전: [18, 6, 23, 10, 14, 25, 27, 15, 13, 12, 29, 17, 4, 22, 1, 9, 7,
8, 26, 20]
정렬 후: [1, 4, 6, 7, 8, 9, 10, 12, 13, 14, 15, 17, 18, 20, 22, 23, 25,
26, 27, 29]
찾고자 하는 키 값을 입력하세요: 15
15 (을)를 리스트의 11 번째 에서 4 번 검색하여 찾았습니다.
```

프로그램 실행결과 | 리스트에 키 값이 없는 경우

```
정렬 전: [5, 21, 14, 18, 9, 25, 23, 1, 4, 15, 24, 11, 17, 30, 27, 10, 8,
2, 20, 12]
정렬 후: [1, 2, 4, 5, 8, 9, 10, 11, 12, 14, 15, 17, 18, 20, 21, 23, 24,
25, 27, 30]
찾고자 하는 키 값을 입력하세요: 16
4 번 검색했지만 16 은(는) 리스트에 없습니다.
```

최솟값 선택 정렬

정렬(sort)은 n개의 아이템이 저장된 리스트를 입력받아 리스트내의 아이템을 값의 크기 순서대로 나열하는 것이다. 이때 나열되는 값의 크기가 작은 값에서부터 큰 값 순서이면 오름차순 정렬(ascending sort)이라 하고, 반대로 큰 값에서부터 작은 값 순서이면 내림차순 정렬(descending sort)이라고 한다.

선택 정렬(selection sort)에는 오름차순으로 정렬되는 최솟값 선택 정렬과 내림차순으로 정렬되는 최댓값 선택 정렬이 있다. 선택 정렬은 다음 순서에 따라 수행된다.

1. 정렬되지 않은 리스트에서 최솟값(혹은 최댓값)을 갖는 아이템을 선택한다.
2. 선택한 아이템과 정렬되지 않은 리스트의 첫 번째 아이템과 위치를 바꾼다.
3. 정렬된 아이템들을 제외하고, 정렬되지 않은 리스트의 나머지 아이템들을 대상으로 1과 2의 과정을 반복한다. 만약 정렬되지 않은 리스트에 아이템이 1개가 되면 반복을 종료한다.

다음 예는 [7, 1, 9, 13, 3, 17, 4]이 입력되었을 때, 최솟값 선택 정렬이 수행되는 과정이다.

단계 \ 위치	0	1	2	3	4	5	6
입력	7	1	9	13	3	17	4
1단계	1	7	9	13	3	17	4
2단계	1	3	9	13	7	17	4
3단계	1	3	4	13	7	17	9
4단계	1	3	4	7	13	17	9
5단계	1	3	4	7	9	17	13
6단계	1	3	4	7	9	13	17

1단계에서는 입력받은 전체 아이템에서 가장 값이 작은 아이템을 찾는다. 가장 작은 값을 갖는 아이템 1과 정렬되지 않은 아이템 중 첫 번째 위치한 아이템 7과 위치를 바꾼다. 2단계에서 정렬된 아이템 1을 제외하고 남은 아이템 중 가장 작은 값을 갖는 아이템 3을 찾는다. 아이템 3과 정렬되지 않은 아이템 중 첫 번째 위치한 7과 위치를 바꾼다. 이 과정을 반복하다가 6단계에서와 같이 정렬되지 않은 아이템이 1개가 되면 반복을 종료한다. 최종적으로 완료된 6단계에서 아이템의 값이 작은 값에서부터 큰 값 순서로 재배열 된 오름차순 정렬을 확인할 수 있다.

반복문 for와 중첩 반복문 for

for 반복문은 in 뒤의 반복가능자료(iterable data)에 아이템 값이 있으면 차례대로 하나씩 변수에 저장해 가면서 실행블록을 반복하여 수행한다. 반복수행하는 횟수는 반복가능자료에 저장된 아이템의 개수와 동일하다. 반복가능자료는 자료를 구성하는 각 요소(element)를 개별적인 아이템 값으로 처리할 수 있는 자료를 말하여 리스트, 문자열, range( ) 등이 있다.

문법	순서도	의미
for 변수 in 반복가능자료: 실행블록	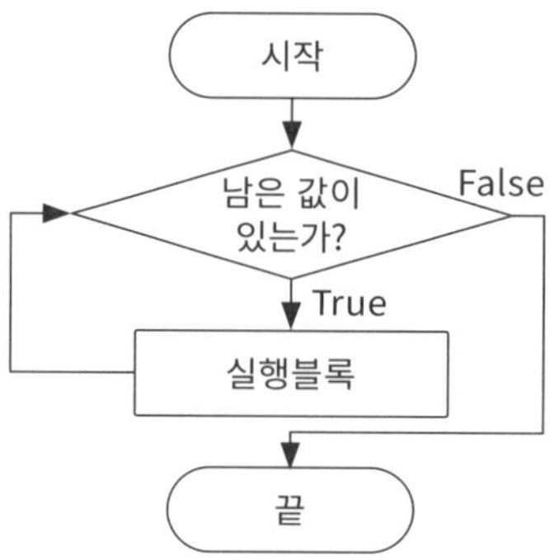	반복가능자료에 값이 남아 있으면 실행블록을 반복 실행하고, 반복가능자료에 남아 있는 값이 없으면 실행블록을 실행하지 않는다.

for 변수1 in 반복가능자료1:
    실행블록1
    for 변수2 in 반복가능자료2:
    실행블록2
	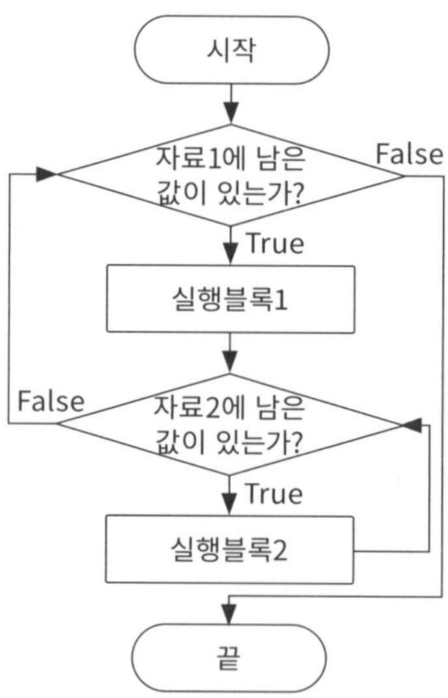	외부 for문의 반복가능자료1의 하나의 아이템에 대하여 내부 for문의 반복가능자료2에 아이템이 남아있는 동안에 실행블록2를 반복 실행한다.
		
		외부 for문은 위의 과정을 반복가능자료1에 아이템이 남아있는 동안에 반복한다.

중첩 for문은 for문의 실행블록 안에 또 다른 for문이 있는 형태로, 내부 for문이 먼저 종료한 후에 외부 for문이 종료한다.

다음은 for 반복문을 이용하여 0~9까지 출력하는 예이다. 이때 반복가능자료로는 range(10), 리스트 [0,1,2,3,4,5,6,7,8,9], 문자열 '0123456789' 등을 사용할 수 있다.

```
for num in range(10):
  print(num, end=' ')
```

```
0 1 2 3 4 5 6 7 8 9
```

```
for num in [0,1,2,3,4,5,6,7,8,9]:
  print(num, end=' ')
```

```
0 1 2 3 4 5 6 7 8 9
```

```
for num in '0123456789':
  print(num, end=' ')
```

```
0 1 2 3 4 5 6 7 8 9
```

문자열

문자열(string)은 반복가능자료로 각각의 문자들이 리스트의 아이템처럼 서로 구분되며 이때 각각의 문자에 접근하려면 리스트처럼 인덱스를 사용하면 된다.

인덱스		0	1	2	3	4	5	6	7	8	9	10	11	12	13	
문자열	‘	P	y	t	h	o	n		i	s		f	u	n	.	’

또한 리스트는 변형가능(mutable)한 자료형으로 생성한 이후에 아이템 값의 변경이 가능하지만 문자열은 변형불가능(immutable)한 자료형으로 생성 후에는 아이템인 특정 문자의 값은 변경이 불가능하다. 아래 두 예제는 리스트에서 값을 변경하는 경우와 문자열에서 값을 변경하는 경우의 실행 예시이다.

```
listS = [‘p’,‘y’,‘t’,‘h’,‘o’,‘n’]

listS[0] = ‘P’
print(listS)
```

```
[‘P’,’y’,’t’,’h’,’o’,’n’]
```

```
strS = ‘python’

strS[0] = ‘P’
print(strS)
```

```
TypeError: ‘str’ object does not support
item assignment
```

다음은 문자열에서 사용할 수 있는 함수들이다.

함수	의미	사용 예시
isalpha( )	문자열이 알파벳인지 판별하는 함수로 모두 알파벳이라면 True를 반환하고 숫자나 공백이 있다면 False를 반환한다.	string1='Python' print(string1.isalpha( ))
isdigit( )	문자열이 숫자인지를 판별하는 함수로 모두 숫자라면 True를 반환하고 문자나 공백이 있다면 False를 반환한다.	string1='2030' print(string1.isdigit( ))
isalnum( )	문자열이 알파벳이나 숫자, 혹은 혼합인지를 판별하는 함수로 특수문자나 공백이 있으면 False를 반환한다.	string1='Python2030' print(string1.isalnum( ))
isupper( )	문자열이 알파벳 대문자인지 판별하는 함수로 모두 알파벳 대문자이면 True를 반환하고 아니면 False를 반환한다.	string1='PYTHON2030' print(string1.isupper( ))
islower( )	문자열이 알파벳 소문자인지 판별하는 함수로 모두 알파벳 소문자이면 True를 반환하고 아니면 False를 반환한다.	string1='python2030' print(string1.islower( ))
upper( )	문자열을 모두 알파벳 대문자로 변환하는 함수이다.	string1 = 'Python is fun.' print(string1.upper( ))
lower( )	문자열을 모두 알파벳 소문자로 변환하는 함수이다.	string1 = 'Python is fun.' print(string1.lower( ))
split( )	분리자(separator)를 기준으로 문자열을 나누어 리스트의 아이템으로 저장한다. 분리자가 없으면 공백으로 분리한다.	string1 = 'Python is fun.' print(string1.split( ))
len( )	문자열의 길이를 반환한다. 문자열의 길이는 문자의 개수와 같다.	string1 = 'Python3 is fun.' print(len(string1))
find( )	문자열에서 특정 문자를 찾아보고 특정 문자가 있다면 인덱스 값을 반환하고 없다면 –1을 반환한다.	string1 = 'Python3 is fun.' print(string1.find('3'))
count( )	문자열에 포함된 특정 문자열의 개수를 반환한다.	string1 = 'Python3 is fun.' print(string1.count('n'))
replace( )	문자열의 일부를 다른 문자열로 교체한다.	string1 = 'Python2 is fun.' print(string1.replace('2', '3'))
capitalize( )	문자열의 첫 문자만 대문자로 변환하고 나머지는 소문자로 변환한다.	string1 = 'PYTHON is fun.' print(string1.capitalize( ))
strip( )	문자열의 앞뒤의 불필요한 공백을 제거한다.	string1=' Python is fun. ' print(string1.strip( ))
ord( )	주어진 문자의 유니코드(unicode)값을 반환한다.	ord('a')
chr( )	주어진 코드값을 문자로 변환한다.	chr(97)

예시문제

while 반복문	for 반복문

<pre>num = 0
while num < 5:
    print('프로그래밍이 진짜 재밌다.')
    num = num + 1</pre>
	<pre>for num in range(5):
	    print('프로그래밍이 진짜 재밌다.')</pre>

<pre>sumA, num = 0, 1
while num <= 10:
    sumA = sumA + num
    num = num + 1
print(sumA)</pre>
	<pre>sumA = 0
	for num in range(1, 11):
	    sumA = sumA + num
	
	print(sumA)</pre>

<pre>cnt = 0
sumA = 0
while cnt < 5:
    score = int(input('점수: '))
    sumA = sumA + score
    cnt = cnt + 1
 	
avrg = sumA / 5
print(sumA, avrg)</pre>
	<pre>sumA = 0
	for cnt in range(5):
	    score = int(input('점수: '))
	    sumA = sumA + score
	
	avrg = sumA / 5
	print(sumA, avrg)</pre>

<pre>cnt = 2
while cnt < 10:
    print(cnt)
    cnt = cnt + 3
 	
print(cnt)</pre>
	<pre>for cnt in range(2, 10, 3):
	    print(cnt)
	
	print(cnt)</pre>

1. 아래 코드의 실행결과를 쓰세요. 오류가 발생하면 오류라고 쓰세요.

```
n = int(input('정수를 입력하세요:  '))

fact = 1
for num in range(1, n+1):
    fact = fact * num
print(n, '!은', fact, '이다.')
```

실행결과:

```
listA = [1, 6, 7, 9, 11, 17]
sumA = 0
for num in listA:
    sumA = sumA + num

print('리스트 아이템의 합은', sumA, '이다.')
```

실행결과:

```
listA = [1, 6, 7, 9, 11, 17]
sumA = 0
for idx in range(0, len(listA)):
    sumA = sumA + listA[idx]

print('리스트 아이템의 합은', sumA, '이다.')
```

실행결과:

```
strS = 'python2030'
listS = list(strS)
print(listS)
```

실행결과:

```
strS = 'python2030'
print(strS.upper())
print(strS)
```

실행결과:

실습문제

1. 다음과 같은 문자열이 주어졌을 때 아래를 수행하는 프로그램을 작성하세요.
   (1) 각 단어의 첫글자를 대문자로 변환하여 출력하는 프로그램을 작성하세요. 단, capitalize( ) 함수는 사용할 수 없다.
   (2) 소문자 'a'가 몇 개인지 찾아서 출력하는 프로그램을 작성하세요. 단, count( ) 함수는 사용할 수 없다.

"Anaconda solutions are serious technology for real data science and ML applications. Anaconda is versatile – you will be ready to solve problemsyou do not even know you have yet."

실행결과 (1)

```
Anaconda Solutions Are Serious Technology For Real Data Science And
ML Applications. Anaconda Is Versatile – You Will Be Ready To Solve
Problems You Do Not Even Know You Have Yet.
```

실행결과 (2)

```
14
```

2. 길이가 100인 리스트를 1부터 1000 사이의 임의의 정수로 채우고 for 반복문을 이용하여 최댓값과 최솟값을 찾는 프로그램을 작성하세요.

실행결과

```
최댓값: 899
최솟값: 4
```

3. 다음과 같은 리스트가 있을 때, 각 아이템에서 점수를 추출하여 학생별로 총점을 구하는 프로그램을 작성하세요.

```
studList = ['박은별;90;80', '한빛나;80;70', '김라영;60;70']
```

실행결과

```
박은별 학생의 총점은 170입니다.
한빛나 학생의 총점은 150입니다.
김라영 학생의 총점은 130입니다.
```

4. 다음은 아이디(ID)를 만드는 규칙이다. 입력받은 아이디가 규칙에 맞는지 검사하는 프로그램을 작성하세요.

- 알파벳 소문자(a-z)와 숫자(0-9)만 사용할 수 있다.
- 반드시 1개 이상의 숫자를 포함해야 한다.
- 전체 길이가 10자 이상 16자 이하가 되어야 한다.
- 첫 글자는 반드시 영문자이어야 한다.

실행결과 | 검사 통과시

```
생성할 아이디를 입력하세요: program2021
아이디가 생성되었습니다.
```

실행결과 | 검사 실패시

```
생성할 아이디를 입력하세요: 2021*program
생성규칙에 맞지 않습니다.
```

5. 다음과 같이 2차원 행렬 matA와 matB의 합을 구하세요.

```
matA = [[1, 2], [3, 4], [5, 6]]
matB = [[10, 20], [30, 40], [50, 60]]
```

실행결과

```
matC = [[11, 22], [33, 44], [55, 66]]
```

6. 다음 사각형이 마방진(magic square)인지를 검사하는 프로그램을 작성하세요.

16	3	2	13
5	10	11	8
9	6	7	12
4	15	14	1

마방진이란 n×n 정사각형에 1부터 n^2까지의 연속된 정수를 중복하거나 빠뜨리지 않고 배열하여 가로, 세로, 대각선에 있는 숫자들의 합이 모두 같도록 만든 사각형을 의미한다.

실행결과

```
정사각형:
[16, 3, 2, 13]
[5, 10, 11, 8]
[9, 6, 7, 12]
[4, 15, 14, 1]

* 마방진입니다. *
```

7. 다음과 같은 문자열이 주어졌을 때, 아래 순서에 따라 문자열에 포함된 각 알파벳 중 5개 이상 출현하는 알파벳과 그 개수를 출력하는 프로그램을 작성하세요.

"Python3.9 is a programming language that lets you work more quickly and integrate your systems more effectively. You can learn to use Python3.9 and see almost immediate gains in productivity and lower maintenance costs."

1. 모든 문자를 소문자로 변환한다.
2. 길이가 26인 리스트 cntList를 생성하고 0으로 초기화한다.
3. 문자열의 첫 번째 문자부터 하나씩 가져와 다음을 수행한다.
  3-1. 가져온 문자가 알파벳인지 판단한다.
  3-2. 알파벳이라면 3-3로 진행하고 아니라면 다음 문자를 가져온다.
  3-3. 알파벳이라면 ord( ) 함수의 결과값과 97의 절대값차를 구한다.
  3-4. 절대값차를 cntList의 인덱스로 하는 아이템의 값을 1 증가시킨다.
4. cntList의 첫 번째 값부터 하나씩 가져와 다음을 수행한다.
  4-1. cntList에서 가져온 값이 5 이상인지 확인한다.
  4-2. 5 이상이라면 cntList의 인덱스 값에 97을 더하여 코드 값을 구하고 5보다 작다면 cntList의 다음 값을 가져온다.
  4-3. chr( ) 함수를 이용하여 코드값을 알파벳으로 변환한다.
  4-4. 한 줄에 3개씩 변환된 알파벳과 알파벳의 개수를 화면에 출력한다.

실행결과

```
a ===> 16        c ===> 6        d ===> 5
e ===> 19        g ===> 6        i ===> 12
l ===> 7         m ===> 9        n ===> 15
o ===> 14        r ===> 10       s ===> 11
t ===> 16        u ===> 7        y ===> 9
```

8. 다음 프로그램은 2차원 리스트를 이용한 지뢰찾기 게임 2의 일부이다. 그림과 같이 2차원 리스트의 개념도를 참고하여 아래의 두 부분을 작성하여 프로그램을 완성하세요.

- **줄 8~10에서 선택된 숫자에 해당하는 위치에 지뢰를 숨긴다.**
- **줄 19~20에서 사용자가 추측한 숫자를 2차원 행렬의 행과 열로 변환한다.**

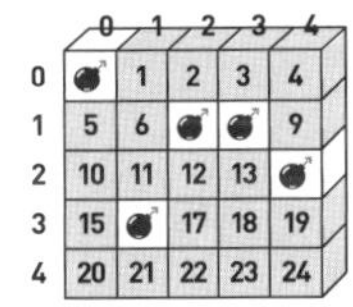


```
1   ## 2차원 리스트로 만든 지뢰찾기 게임2
2   import random
3
4   numTrials, numMine = 10, 5
5   minefield = [[0,1,2,3,4], [5,6,7,8,9], [10,11,12,13,14],
6               [15,16,17,18,19], [20,21,22,23,24]]
7
8   ## 1~25사이에서 중복없이 5개 숫자를 선택, sample( ) 이용한다.
9   ## 선택된 숫자 5개를 2차원 리스트에서 지뢰의 위치로 사용한다.
10  ## 예로 16이 선택되었다면 2차원 리스트의 아이템 값 16에 지뢰를 숨긴다.
11
12  print('지뢰찾기게임2 - 주어진 횟수 안에 최대한 많은 지뢰를 찾으세요')
13  print('총 횟수는', numTrials, '지뢰는 ', numMine, '개 입니다.')
14
15  cntTrials = cntMine = 0
16
17  while (cntTrials < numTrials) and (cntMine < numMine):
18      guessPos = int(input('0~24 사이의 숫자를 골라주세요    '))
19      rows = (                )
20      cols = (                )
21      cntTrials = cntTrials + 1
```

```
        if minefield[rows][cols] == 'MINE':
            print('!!!  지뢰를 찾았습니다.  !!!' )
            print('''
          ## #  ###
         ##  #   ######
          #    ####  ####
             ##############
             ##########  ##
              ######## ###
                ######## ''')
            minefield[rows][cols] = 'FLAG'
            cntMine = cntMine + 1
        elif minefield[rows][cols] == 'FLAG':
            print('이미 찾았던 지뢰입니다.' )
            cntTrials = cntTrials - 1
        else:
            print('지뢰가 없습니다.')

        print('남은 횟수:', numTrials-cntTrials, '\t 남은 지뢰:', numMine-cntMine)

    print(numMine, '개의 지뢰 중에 ', cntMine, '개를 찾았습니다.')
```

Summary

Chapter 8에서는 리스트에서의 정렬과 검색을 통해 반복 for문과 중첩 for문, 문자열과 관련 함수에 대해서 학습해보았다. 주요 내용은 다음과 같다.

- 정렬은 입력된 값들을 값의 크기가 점점 커지거나 점점 작아지는 순서대로 재배열한다.
- 이진 검색은 임의의 값을 빠르게 찾기 위해 전체 검색 범위에서 중간 값과 비교하는 방식으로 검색 범위를 줄여가는 검색 방법이다.
- for 반복문은 반복가능자료에 값이 남아 있는 동안에 실행블록을 반복수행하며 중첩 for문으로 사용이 가능하다. 반복가능자료로는 리스트, 문자열, range( ) 등이 있다.
- 문자열은 리스트처럼 각각의 문자를 아이템처럼 접근할 수 있는 반복가능자료이며 생성된 후에는 아이템인 특정 문자의 값은 변경이 불가능하다.

Chapter 9

369 게임

이번 장에서는 다음과 같은 내용을 학습합니다.

369 게임 소개

게임 작성하기 – 함수의 정의와 호출

함수의 기능 확장 – 매개변수, 전달인자, 반환

369 게임

369 게임은 주어진 숫자의 각 자릿수에 3이나 6, 9가 있으면 그 개수만큼 박수('짝')를 치는 게임이다. 다음은 369 게임을 함수 단위로 작성한 소스코드이다.

프로그램의 소스코드

```
## 함수 정의
def intro( ):
    print('재미나는 3!6!9! 게임')
    print('''
    1~발생된 난수까지의 숫자를 차례대로 출력하되
    숫자에 3,6,9가 있으면 그 개수만큼 '짝'을
    출력하고 그렇지 않다면, 숫자를 출력한다.
    ''')
    return

def genRand( ):
    import random
    rnd = random.randint(1, 100)
    return rnd

def count369(n):
    cnt = 0
    for num_txt in str(n):
        if num_txt in '369':
            cnt = cnt + 1
    return cnt

```

```
def printClap(n, cnt):
    if cnt > 0:
        print(n, '--->', '짝'*cnt)
    else:
        print(n, '--->', n)
    return

## 함수 호출 및 프로그램 실행
intro( )
RandN = genRand( )
print('발생된 난수: ', RandN)

for num in range(1, RandN+1):
    count = count369(num)
    printClap(num, count)
```

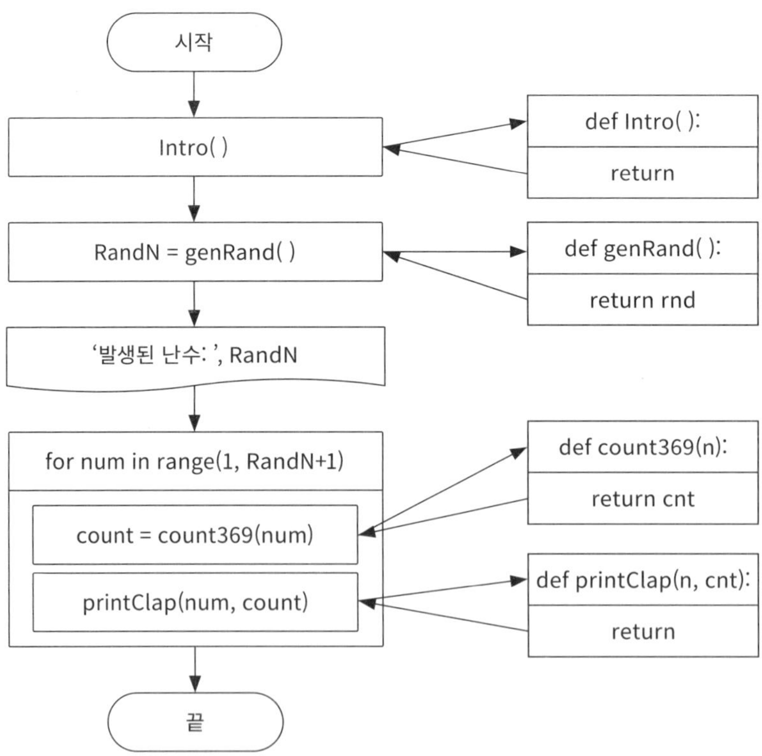

소스코드 설명 줄 2~9는 게임을 소개하는 메시지를 출력하는 함수 intro( )를 정의한다. 줄 11~14는 1부터 100사이의 난수를 발생시켜 반환하는 함수 genRand( )를 정의한다. 줄 16~21은 전달받은 변수 n에 저장된 숫자의 각 자리에 3이나 6, 9가 있으면 그 개수를 구하여 반환하는 함수 count369( )를 정의한다. 줄 23~28은 전달받은 개수 cnt만큼 '짝'을 출력하는 함수 printClap( )를 정의한다. 줄 31은 함수 intro( )를 호출한다. 줄 32는 함수 genRand( )를 호출하고, genRand( ) 함수가 반환한 값을 변수 RandN에 저장한다. 줄 33은 발생된 난수가 무엇인지 확인하기 위하여 변수 RandN의 값을 출력한다. 줄 35~37은 1부터 발생된 난수 RandN까지의 각 숫자에 대하여 함수 count369( )와 printClap( )을 호출한다. 줄 36은 변수 num에 저장된 숫자에 3, 6, 9가 몇 개인지를 구하는 함수 count369( )를 호출하고, count369( ) 함수가 반환한 값을 변수 count에 저장한다. 줄 37은 변수 count의 개수만큼 '짝'을 출력하는 함수 printClap( )을 호출한다.

실행결과 설명 발생된 난수가 33인 경우의 실행 결과로, 1부터 발생된 난수 33까지의 숫자를 차례대로 출력하면서 해당 숫자에 3, 6, 9가 있으면 그 개수만큼 '짝'을 출력한다. 예를 들어 숫자 23에는 1개의 3이 있어 '짝'이 한 번 출력된다.

프로그램 실행결과 | 발생된 난수가 33인 경우

```
재미나는 3!6!9! 게임

    1~발생된 난수까지의 숫자를 차례대로 출력하되
    숫자에 3,6,9가 있으면 그 개수만큼 '짝'을
    출력하고 그렇지 않다면, 숫자를 출력한다.

발생된 난수:  33
1 ---> 1
2 ---> 2
3 ---> 짝
4 ---> 4
5 ---> 5
6 ---> 짝
7 ---> 7
8 ---> 8
9 ---> 짝
```

```
10 ---> 10
11 ---> 11
12 ---> 12
13 ---> 짝
14 ---> 14
15 ---> 15
16 ---> 짝
17 ---> 17
18 ---> 18
19 ---> 짝
20 ---> 20
21 ---> 21
22 ---> 22
23 ---> 짝
24 ---> 24
25 ---> 25
26 ---> 짝
27 ---> 27
28 ---> 28
29 ---> 짝
30 ---> 짝
31 ---> 짝
32 ---> 짝
33 ---> 짝짝
```

함수의 정의와 호출

함수는 특정한 기능을 수행하는 실행블록을 하나로 묶어 놓은 작은 단위의 프로그램이다. 프로그램에서 반복적으로 수행하는 특정 기능을 함수로 만들면 해당 함수를 재사용할 수 있어 프로그램 작성이 편리해지며, 기능을 수정하거나 추가할 때도 해당 함수만 변경하면 되기 때문에 관리가 용이해진다.

함수의 기능은 기본적으로 값을 함수에 입력(input)해 주면 일련의 처리 과정(process)을 실행해서 결과(output)를 반환한다. 이때 입력을 매개변수(parameter)라 하고, 결과를 반환 값(return value)이라 한다.

함수를 정의(define)하는 방법은 첫 번째 줄에는 키워드인 def로 시작하여 함수 이름과 괄호 안에 기입하는 매개변수를 작성하고 두 번째 줄부터는 함수가 처리하는 일련의 실행블록과 return문을 작성한다. 이때 첫 번째 줄을 함수 헤더(header)라고 부르며 두 번째 줄부터를 함수 바디(body)라고 부른다.

함수는 매개변수와 반환 값의 유무에 따라 4가지 형식이 있으며, 그 중에서 형식 1은 아래와 같이 매개변수와 반환 값이 모두 없다.

구분	함수 정의 문법	함수 호출 문법
형식 1	def 함수이름( ): 실행블록 return	함수이름( )

tip

함수를 정의할 때 함수의 바디 안에 있는 실행블록을 모두 실행하고 반환 값이 없는 경우에는 return문을 생략하기도 한다.

정의된 함수는 바로 실행되는 것이 아니라, 함수를 호출(call)해야만 실행된다. 함수 호출 방법은 정의된 함수의 형식에 따라 달라진다. 예를 들어, 369 게임에서 줄 2~9에 있는 intro( ) 함수는 매개변수와 반환 값이 없는 형식1의 함수이다. 정의된 intro( ) 함수는 프로그램에서 바로 실행되는 것이 아니라, 줄 31에서 intro( ) 함수를 호출해야 실행이 된다. 이때 정의된 함수와 동일하게 함수 이름 뒤의 괄호 안에 매개변수 없이 호출해야 한다. 호출 후에 해당 함수의 바디인 줄 3~9의 실행블록인 print( ) 함수가 실행되어 메시지가 출력되며, 줄 9의 return문에 의해 함수가 종료되면 intro( ) 함수를 호출한 줄 31로 반환 값 없이 제어가 돌아온다.

함수 정의와 호출의 예

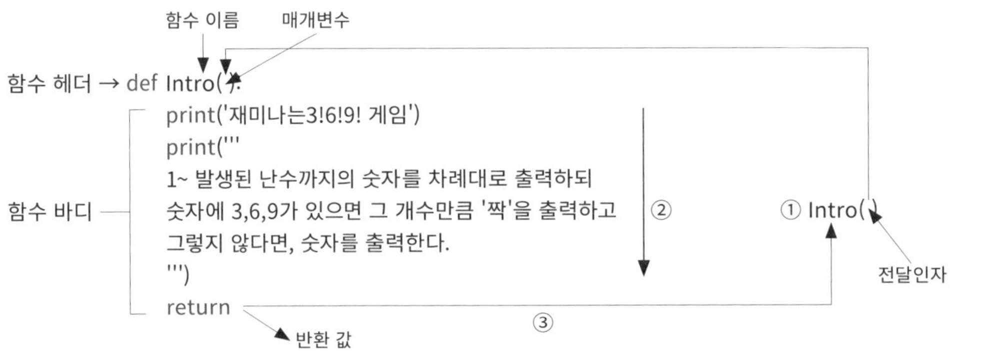

함수의 기능 확장

형식 1과 달리 함수에 값을 전달하거나 함수의 값을 전달 받을 필요가 있는 경우 전달인자, 매개변수, return문을 사용해야 한다.

함수를 호출할 때 사용하는 전달인자(argument)는 함수로 전달할 실제 값을 가지고 있다. 전달인자의 값은 정의된 함수의 매개변수로 전달된다. 반대로 반환 값은 함수의 결과 값을 호출한 위치로 반환하는 것으로 return문 뒤에 반환할 값을 기입한다.

함수 정의와 함수 호출 방법은 매개변수와 반환 값의 유무에 따라 형식 1 이외에도 아래와 같이 구분된다. 정의된 함수를 호출할 때 매개변수와 전달인자의 개수가 서로 동일해야 한다.

구분	함수 정의 문법	함수 호출 문법
형식 2	def 함수이름(p_1, p_2, ..., p_n): 실행블록 return	함수이름(a_1, a_2, ..., a_n)
형식 3	def 함수이름( ): 실행블록 return r_1, r_2, ..., r_n	o_1, o_2, ..., o_n = 함수이름( )
형식 4	def 함수이름(p_1, p_2, ..., p_n): 실행블록 return r_1, r_2, ..., r_n	o_1, o_2, ..., o_n = 함수이름(a_1, a_2, ..., a_n)

여기서 함수 정의에서 사용한 p_1, p_2, ..., p_n은 매개변수이며, 함수 호출에서 사용한 a_1, a_2, ..., a_n는 전달인자이다. 또한, r_1, r_2, ..., r_n은 함수의 반환 값이고 o_1, o_2, ..., o_n는 반환 값을 저장하기 위한 변수이다.

예를 들어, 369 게임 프로그램의 count369( ) 함수는 형식4에 해당한다. 프로그램의 줄 36에서

만약 변수 num의 값이 23이라면 count369( ) 함수의 호출에 의해 전달인자 num에 대응되는 매개변수 n의 값은 23이 된다. 이후 count369( ) 함수의 바디가 실행되어 변수 cnt의 값은 1이 되며, 줄 21의 return문에 의해 함수가 종료된다. 이때 줄 36으로 변수 cnt의 값 1을 함수의 결과 값으로 반환하게 되고, 이 값을 변수 count에 저장한다.

함수 정의와 호출의 예

```
def count369(n):
    cnt = 0
    for  num_txt in str(n):
        if num_txt in '369':
            cnt = cnt + 1
    return cnt
```

```
count = count369(num)
```

예시문제

```
# 1

def add(start, end):                    #동일한 함수를 전달
    n = start                           인자의 값을 다르게
    s = 0                               하여 여러 번 호출한
    while n <= end:                     경우
        s = s + n
        n = n + 1
    return s

print('1부터 10까지의 합은', add(1, 10))
print('100부터 200까지의 합은', add(100, 200))
print('10부터 55까지의 합은', add(10, 55))

# 2

def divFunc(a, b):                      #함수의 반환 값이
    q = a // b                          여러 개인 경우
    r = a % b
    return q, r

x, y = divFunc(10, 3)
print('몫:', x, '나머지:' , y)

# 3

def func( ):                            #return문이 생략된
    print('우리는')                     경우
    print('친구입니다.')

func( )
```

연습문제

1. 아래 코드의 실행결과를 쓰세요. 오류가 발생하면 오류라고 쓰세요.

```
def func():
    print('Python')
    return
    print('Java')

func()
print('Program')
```

실행결과:

```
def add(a, b):
    return a+b

def sub(a, b):
    return a-b

c = add(10, 20)
print(c)
```

실행결과:

```
def f1():
    print('1')
    f2()
    print('3')
    return

def f2():
    print('2')
    return

f1()
```

실행결과:

```
def cal(a, b, c):
    if c == '+':
        return a + b
    elif c == '-':
        return a - b
    else:
        return '연산자 오류'

print(cal(10, 20, '-'))
```

실행결과:

```python
def func(a, b):
    if a >= 90 and b >= 90:
        return '합격'
    else:
        return '불합격'

res = func(80)
print(res)
```

실행결과:

```python
def func(msg, n):
    for i in range(n):
        print(msg)
    print('End of function')

print(func('짝', 5))
```

실행결과:

실습문제

1. 다음 설명을 보고 함수를 정의하고 아래와 같이 실행되는 프로그램을 작성하세요. 단, 각 형식별로 총 4개의 함수를 정의하여 각 함수별로 4개의 프로그램 작성하세요.

	함수	기능
1	isSign( )	정수값 N을 입력받아 다음을 출력 N<0이면, '음수' / N=0이면, '영' / N>0이면, '양수'
2	isSign( )	정수값 N을 입력받아 다음을 반환 N<0이면, '음수' / N=0이면, '영' / N>0이면, '양수'
3	isSign(N)	정수값 N을 전달받아 다음을 출력 N<0이면, '음수' / N=0이면, '영' / N>0이면, '양수'
4	isSign(N)	정수값 N을 전달받아 다음을 반환 N<0이면, '음수' / N=0이면, '영' / N>0이면, '양수'

실행결과 | -10을 입력한 경우

```
정수 입력: -10
음수입니다.
```

2. 다음 설명을 보고 함수를 정의하고 아래와 같이 실행되는 프로그램을 작성하세요.

함수	기능
CtoF(C)	섭씨온도값 C를 전달받아 변환공식에 따라 화씨온도로 변환하여 반환 (온도 변환 공식: F=9.0/5.0*C+32.0)

실행결과 | 32를 입력한 경우

```
섭씨 온도 입력: 32
화씨 온도는 89.6도 입니다.
```

3. 다음 설명을 보고 함수를 정의하고 아래와 같이 실행되는 프로그램을 작성하세요.

함수	기능
genRand(start, end)	두 정수를 전달받아 두 정수 사이의 난수를 반환 단, start > end이면, 두 값을 서로 swap한다.

실행결과 | 20과 10을 입력한 경우

```
시작 값을 입력하시오: 20
종료 값을 입력하시오: 10
10에서 20사이의 난수 13이 발생했습니다.
```

4. 다음 설명을 보고 함수를 정의하고 아래와 같이 실행되는 프로그램을 작성하세요.

함수	기능
checkID(s)	문자열 s를 전달받아 아이디 생성 규칙에 맞으면 True를 반환하고, 아니면 False를 반환 아이디 생성 규칙 (1) 반드시 1개 이상의 영문자와 1개 이상의 숫자의 조합으로 구성되어야 한다. (2) 첫 글자는 영문자이어야 한다. (3) 아이디의 총 길이는 6이상이어야 한다.

실행결과 | sunny를 입력한 경우

```
아이디를 입력해주세요:  sunny
잘못 생성되었습니다.
```

실행결과 | sunny98를 입력한 경우

```
아이디를 입력해주세요:  sunny98
아이디가 생성되었습니다.
```

5. 다음 설명을 보고 함수를 정의하고 아래와 같이 실행되는 프로그램을 작성하세요.

함수	기능
isPrime(N)	정수 N을 전달받아 소수이면 True를 반환하고, 아니면 False를 반환

실행결과 | 17을 입력한 경우

```
정수 입력: 17
17은 소수입니다.
```

6. 다음 설명을 보고 함수를 정의하고 아래와 같이 실행되는 프로그램을 작성하세요.

	함수	기능
1	add(a, b)	두 수 a와 b를 전달 받아 두수의 합을 반환
2	subtract(a, b)	두 수 a와 b를 전달 받아 두수의 차를 반환
3	multiply(a, b)	두 수 a와 b를 전달 받아 두수의 곱을 반환
4	divide(a, b)	두 수 a와 b를 전달 받아 두수의 몫을 반환

실행결과 | 10.5, 5.3, *을 차례대로 입력한 경우

```
첫 번째 수 입력: 10.5
두 번째 수 입력: 5.3
연산자 입력: *

10.5 * 5.3 = 55.65
```

Summary

Chapter 9에서는 369게임을 통해 프로그램을 함수 단위로 분할하여 작성하고, 작성된 함수를 호출하는 방법에 대하여 학습하였다. Chapter 9에서 학습한 내용은 다음과 같다.

- 함수는 특정한 기능을 수행하는 실행블록을 하나로 묶어 놓은 작은 단위의 프로그램을 말한다.
- 프로그램에서 함수를 사용하려면 함수 정의와 함수 호출을 해야만 한다.
- 함수를 호출할 때 함수에 값을 전달하기 위해 전달인자와 매개변수를 사용하며, 함수의 실행이 종료된 후 호출한 곳으로 함수의 결과 값을 반환하려면 반환 값을 사용한다.
- 함수를 호출할 때 전달인자와 매개변수의 개수는 같아야 한다.
- 함수는 매개변수와 반환 값의 유무에 따라 4가지 형식으로 분류된다.

Memo

Chapter 10

재고관리 프로그램

이번 장에서는 다음과 같은 내용을 학습합니다.

재고관리 프로그램 소개

지역 변수와 전역 변수

매개변수 전달 방식

재귀 함수

재고관리 프로그램

재고관리 프로그램은 리스트에 상품명과 재고량을 저장하고, 이를 추가/삭제/변경/검색하는 기능을 제공하는 것이다. 이 책에서는 이들 기능 중 추가/검색 기능만을 함수로 작성해본다.

프로그램의 소스코드

```
def selectMenu( ):
    print('1. 상품 추가')
    print('2. 상품 검색')
    print('0. 프로그램 종료')

    while True:
        select = input('메뉴를 선택하세요: ')
        if '0' <= select <= '2':
            return int(select)

def appendItem(iList):
    global count
    print( )
    item = input('상품명 입력: ')
    quantity = int(input('수량 입력: '))
    iList.append([item, quantity])
    count  = count  + 1
    return

def searchItem( ):
    for item in itemList:
        if item[0] == srchitem:
            return item[1]
    return -1
```

```

def printItem( ):
    print('현재 총', count, '개의 상품이 있습니다.')
    print('현재 상품 재고량:', itemList, '\n')
    return

def updateManager(name):
    manager = name
    return

itemList = [ ]
count = 0
manager = input('관리자의 이름을 입력: ')

while True:
    menu = selectMenu( )
    if menu == 0:
        break
    elif menu == 1:
        appendItem(itemList)       ##주소에 의한 전달방식
        print('추가되었습니다.\n')
        printItem( )
    else:
        srchitem = input('\n검색할 상품명 입력: ')
        n = searchItem( )
        if n >= 0:
            print(srchitem,'의 재고량은', n, '입니다\n')
        else:
            print('상품명이 없습니다.')

updateManager('홍길동')   ##값에 의한 전달방식
print( )
print(manager, '님으로 관리자가 변경되었습니다.')
```

소스코드 설명 줄 1~9는 메뉴를 출력하고 선택하는 함수 selectMenu( )를 정의한다. 줄 11~18은 사용자로부터 입력받은 상품명과 수량을 전달받은 itemList와 대응하는 리스트 iList에 추가하는 함수 appendItem( )를 정의한다. 줄 20~24는 사용자로부터 입력받은 상품명을 itemList에서 검색하여 상품명에 해당하는 수량을 반환하는 함수 searchItem( )를 정의한다. 줄 26~29는 itemList에 저장된 상품의 총 개수와 itemList를 출력하는 함수 printItem( )를 정의한다. 줄 31~33은 변수 manger에 저장된 값을 전달받은 변수 name의 값으로 변경하는 함수 updateManager( )를 정의한다. 줄 35~36은 itemList와 변수 count의 값을 각각 공백 리스트와 0으로 초기화한다. 줄 37은 사용자로부터 입력받은 이름을 변수 manager에 저장한다. 줄 39~53은 무한 반복하면서 사용자로부터 메뉴를 선택하도록 하고, 선택된 메뉴에 해당하는 각각의 함수를 호출하여 처리하는 부분이다. 줄 40은 함수 selectMenu( )를 호출하여 실행한 후 해당 함수가 반환한 값을 변수 menu에 저장한다. 줄 41~42는 변수 menu의 값이 0이면 무한 반복을 종료하고, 줄 55로 제어가 이동한다. 줄 43~46은 변수 menu의 값이 1이면 실행되는 부분이다. 줄 44는 함수 appendItem( )를 호출하여 리스트에 상품을 추가한다. 줄 46은 추가된 내용을 확인하기 위하여 함수 printItem( )을 호출한다. 줄 47~53은 변수 menu의 값이 2이면 실행되는 부분이다. 줄 48은 사용자로부터 검색할 상품명을 입력받아 변수 srchitem에 저장한다. 줄 49는 함수 searchItem( )을 호출하여 실행 한 후, 해당 함수가 반환한 값을 변수 n에 저장한다. 줄 50~53은 변수 n의 값이 0 이상이면 검색한 상품의 재고량을 출력한다. 변수 n의 값이 0보다 작으면 검색한 상품이 itemList에 없는 경우로 해당 메시지를 출력한다. 줄 55는 함수 updateManager( )를 호출한다. 이때 '홍길동'을 함수 updateManager( )에 전달한다. 줄 57은 변수 manager에 저장된 값을 메시지와 함께 출력한다.

실행결과 설명 메뉴 1을 연속적으로 선택하여 '콜라'는 100개, '우유'는 20개로 리스트에 추가하였다. 다음 메뉴 2를 선택하여 '우유'의 재고량을 검색하였다. 마지막으로 메뉴 0을 선택하여 반복을 종료한 후 관리자의 이름을 출력하였다.

프로그램 실행결과

```
관리자의 이름을 입력: 정고은
1. 상품 추가
2. 상품 검색
0. 프로그램 종료
메뉴를 선택하세요: 1
```

```
상품명 입력: 콜라
수량 입력: 100
추가되었습니다.

현재 총 1 개의 상품이 있습니다.
현재 상품 재고량: [['콜라', 100]]

1. 상품 추가
2. 상품 검색
0. 프로그램 종료
메뉴를 선택하세요: 1

상품명 입력: 우유
수량 입력: 20
추가되었습니다.

현재 총 2 개의 상품이 있습니다.
현재 상품 재고량: [['콜라', 100], ['우유', 20]]

1. 상품 추가
2. 상품 검색
0. 프로그램 종료
메뉴를 선택하세요: 2

검색할 상품명 입력: 우유
우유 의 재고량은 20 입니다

1. 상품 추가
2. 상품 검색
0. 프로그램 종료
메뉴를 선택하세요: 0

정고은 님으로 관리자가 변경되었습니다.
```

지역 변수와 전역 변수

변수는 생성되는 위치에 따라 지역 변수(local variable)와 전역 변수(global variable)로 구분된다. 지역 변수는 함수 내부에서 생성된 변수를 말하며, 해당 함수 내부에서만 사용할 수 있다. 전역 변수는 함수 외부에서 생성된 변수로, 프로그램 내의 모든 함수에서 사용할 수 있다. 지역 변수와 전역 변수의 이름이 같더라도 이들은 서로 다른 변수로 취급된다.

```
1   def func(x):                        ## x는 지역 변수이다.
2       x = 100
3       z = x + y                       ## y는 전역 변수, z는 지역 변수이다.
4       print(x, y, z)                  ## 100 20 120이 출력된다.
5       return
6
7   x = 10                              ## x는 전역 변수이다.
8   y = 20                              ## y는 전역 변수이다.
9   func(x)
10  print(x, y)                         ## 10 20이 출력된다.
11  print(z)                            ## z는 지역 변수로 오류가 발생한다.
```

줄 7~8에서 생성된 변수 x, y는 함수 외부에서 생성되었으므로 전역 변수이다. 줄 9에서 변수 x에 저장된 값을 함수 func( )에 전달하면 줄 1로 제어가 이동한다. 이때 줄 1의 함수 func( )의 매개변수 x에 전달된 값 10이 저장되며, 새로운 변수 x가 생성된다. 즉, 매개변수 x는 함수 내부에서 생성된 지역 변수로, 줄 7에서 생성된 전역 변수 x와 이름은 같지만 서로 다른 변수이다. 줄 2에서 변수 x의 값을 100으로 변경하게 되면 이는 지역 변수 x의 값이 100이 되는 것이다. 줄 3에서 변수 z는 함수 내부에서 생성된 것으로 지역 변수가 되며, 변수 y를 생성하는 실행문장은 함수 외부에 있기 때문에 변수 y는 묵시적으로 전역 변수로 취급된다. 따라서 변수 y의 값은 줄 8에 있는 20이 되며, 'z = x + y'를 실행하면 변수 z의 값은 100과 20을 더하여 120이 된다. 줄 4에서 변수 x, y, z에 각각 저장된 100, 20, 120이 출력된다. 줄 5에 의하여 줄 9로 제어가 이동하게 되고, 이때 함수에서 생성된 변수 x와 z는 소멸된다. 따라서 줄 10에서 변수 x와 y의 값을 출력하게 되면 이는 전역 변수 x와 y를 가리키므로 10과 20이 출력된다. 또한, 줄 11에서 변수 z의 값을 출력하게 되면 변수 z는 함수 func( ) 내부에서 생성된 지역 변수로 함수 종료 시에 소멸되었기 때문에 접근 불가능하여 오류가 발생한다.

함수 내부에서 사용하는 변수가 전역 변수임을 명시적으로 나타내려면 global 키워드 뒤에 변수명을 기입하면 된다. 아래의 왼쪽 프로그램은 함수 func( ) 내부에서 변수 x, y, z는 모두 전역 변수로 명시적으로 선언되었다. 따라서 함수 내부에서 값을 변경하면 함수 외부에 있는 변수 x, y, z도 모두 변경된다. 이와 같이 함수 내부에서 모든 변수를 전역 변수로 사용한다면 오른쪽 프로그램과 같이 매개변수와 반환 값을 지정할 필요가 없다.

```
def func( ):
    global x, y, z

    z = x + y
    print (x, y, z)
    return

x = 10
y = 20
z = 0
func( )
print(x, y, z)
```

```
def func(x, y):
    z = x + y
    print(x, y, z)
    return z

x = 10
y = 20
z = 0
z = func(x, y)
print(x, y, z)
```

매개변수 전달 방식

9장에서 함수 외부에서 함수 내부로 값을 전달하려면 매개변수를 사용한다고 배웠다. 매개변수에 값을 전달하는 방식에는 크게 값에 의한 전달 방식과 주소에 의한 전달 방식이 있다. 값에 의한 전달 방식(call by value)은 매개변수에 전달인자의 값이 저장되는 방식으로, 매개변수의 값이 변경되어도 함수 외부에 있는 전달인자의 값은 변경되지 않는다. 주소에 의한 전달 방식(call by address)은 매개변수에 전달인자의 주소가 저장되는 방식으로, 매개변수의 값이 변경되면 함수 외부에 있는 전달인자의 값이 같이 변경된다. 리스트를 전달인자로 사용하면 주소에 의한 전달 방식이 된다.

아래 프로그램을 살펴보자. 왼쪽 프로그램은 값에 의한 전달 방식이 되어 함수 내부에서 매개변수 x값이 10으로 변경되어도 변수 x가 지역 변수이기 때문에 함수 외부에 있는 전달인자 a의 값은 변경되지 않는다. 따라서 줄 9에서 변수 a의 값은 100이 출력된다. 오른쪽 프로그램은 주소에 의한 전달 방식이 되어 함수 내부에서 매개변수 x[0]의 값을 10으로 변경하게 되면 변수 x가 지역 변수임에도 불구하고 함수 외부에 있는 전달인자의 a[0]의 값이 변경된다. 따라서 줄 9에서 변수 a[0]의 값은 10이 출력된다.

```
1   ## 값에 의한 전달
2   def func(x):
3       x = 10
4       print(x)
5       return
6
7   a = 100
8   func(a)
9   print(a)
```

```
1   ## 주소에 의한 전달
2   def func(x):
3       x[0] = 10
4       print(x[0])
5       return
6
7   a = [100, 200, 300]
8   func(a)
9   print(a[0])
```

재귀 함수

재귀 함수(recursive function)는 함수 내부에서 자기 자신을 재귀적으로 다시 호출하는 함수를 말한다. 아래 프로그램에서와 같이 countdown( ) 함수 내부에서 자기 자신인 countdown( ) 함수를 다시 호출하는 것을 재귀 함수라고 한다. 그런데 왼쪽 프로그램의 경우 줄 3에서 계속 반복하여 countdown( ) 함수를 호출하기 때문에 해당 프로그램은 무한 반복하게 된다. 따라서 오른쪽 프로그램과 같이 무한 반복을 종료할 수 있도록 기저 조건(base case)을 지정해야 한다.

```
1  def countdown(n):
2      print(n,'초')
3      countdown(n-1)
4
5  countdown(10)
```

```
def countdown(n):
    if n < 0:    ##기저 조건
        return
    print(n,'초')
    countdown(n-1)

countdown(10)
```

재귀 함수를 사용하면 주어진 문제들의 원리를 직관적으로 표현할 수 있다는 장점이 있다. 예를 들어 우리는 반복문을 사용하여 5!(factorial)=5×4×3×2×1의 값을 구할 수 있다. 그러나 5!=5×4! 로 표현될 수 있는 재귀적 특징을 갖는다.

```
def fact(n):
    if n <= 1:
        return 1
    else:
        return n*fact(n-1)

print(fact(5))
```

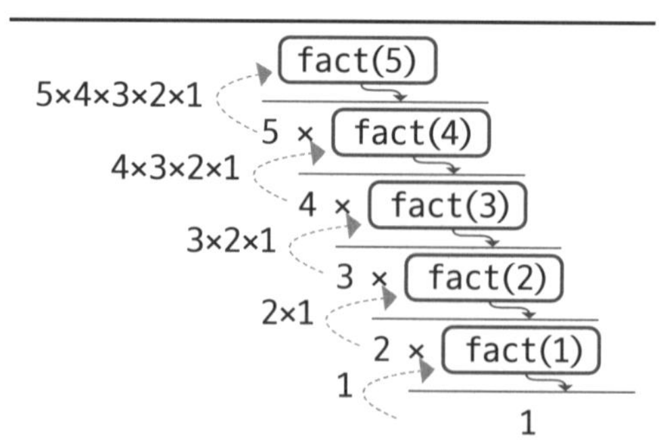

예시문제

```
## 전역 변수 예시
def func( ):
    global count
    count = count + 1
    return

count = 0
for i in range(5):
    func( )
print(count)


## 값에 의한 전달 방식 예시
def updateManager(name):
    name = '홍길동'
    print(name)
    return

manager = '정고은'
updateManager(manager)
print(manager)

## 주소에 의한 전달 방식 예시
def appendItem(iList):
    item ='우유'
    quantity = 20
    iList.append([item, quantity])
    print(iList)
    return

itemList = [['콜라', 100]]
appendItem(itemList)
print(iList)
```

연습문제

1. 아래 코드의 실행결과를 쓰세요. 오류가 발생하면 오류라고 쓰세요.

```
def func():
    x = 0
    x = x + 1
    print(x)
    return

x = 0
for i in range(3):
    func( )
print(x)
```

실행결과:

```
def func( ):
    global x
    x = x + 1
    print(x)
    return

x = 0
for i in range(3):
    func( )
print(x)
```

실행결과:

```
def func(a):
    a = 10
    return

x = [100, 200, 300]
func(x[0])
print(x[0])
```

실행결과:

```
def add():
    global num1, num2
    num1 = 100
    num2 = 200
    return num1+num2

def sub(n1, n2):
    return n1-n2

num1 = 10
num2 = 20
addV = add()
subV = sub(num1, num2)

print('10과 20의 합은', addV, '입니다.')
print('10과 20의 차은', subV, '입니다.')
```

실행결과:

```
def func( ):
    x = x + 10
    z = x + y
    return z

x = 100
y = 200
z = func( )
print(z)
```

실행결과:

```
def area(r):
    res = 3.14 * r * r
    return

area(5)
print(res)
```

실행결과:

실습문제

1. 재고관리 프로그램의 각 함수에서 사용된 변수를 지역/전역 변수로 구별하여, 빈칸에 적으세요.

함수	지역 변수	전역 변수
selectMenu( )		
appendItem(iList)		
searchItem( )		
printItem( )		
updateManager(name)		

2. n번째 항의 피보나치 수열의 값을 구하여 출력하는 프로그램을 작성하세요. 단, 함수 fibo( )를 재귀적으로 호출하는 방식으로 작성하세요.

함수	기능
fibo(n)	정수 n를 전달받아 n번째 항의 피보나치 수열의 값을 반환 fibo(n) = fibo(n-1) + fibo(n-2), fibo(1) = 1, fibo(2) = 1

실행결과 | 10를 입력한 경우

```
구하려는 항을 입력: 10
10 번째 항의 값은 55 입니다.
```

3. 최대 공약수를 구하여 출력하는 프로그램을 작성하세요. 단, 함수 gcd( )를 재귀적으로 호출하는 방식으로 작성하세요.

유클리드 호제법
두 정수 x, y (x>y)에 대하여 x를 y로 나눈 나머지를 r이라고 한다면, x와 y의 최대공약수는 y와 r의 최대공약수와 같다. 예시: gcd(32,12) 단계: x y 1단계 32 12 2단계 12 8 3단계 8 4

함수	기능
gcd(x, y)	두 정수를 전달받아 두 정수의 최대 공약수를 반환 단, x < y이면, 두 값을 서로 swap한다.

실행결과 | 32와 12을 입력한 경우

```
첫번째 정수: 32
두번째 정수: 12
32 와 12 의 최대공약수는 4 입니다.
```

4. 1부터 n까지의 합(1+2+3+...+n)을 구하여 출력하는 프로그램을 함수 sum1toN( )을 재귀적으로 호출하는 방식으로 작성하세요.

함수	기능
sum1toN(n)	정수 n을 전달받아 1부터 n까지의 합을 반환

실행결과 | 10을 입력한 경우

```
정수 입력: 10
1부터 10 까지의 합은 55 입니다.
```

5. 재고관리 프로그램에 상품 리스트에서 특정 상품을 삭제하는 함수 deleteItem( )과 특정 상품의 재고량을 변경하는 함수 updateItem( )를 추가하세요. 이때 selectMenu( ) 함수에 '3. 삭제하기'와 '4. 변경하기' 메뉴를 추가한다. 또한, updateManager( ) 함수를 수정하여 전달받은 이름 '홍길동'으로 관리자의 이름이 변경되도록 하세요.

함수	기능
deleteItem(dname)	삭제하고자 하는 상품명을 전달받아 해당 상품의 이름과 재고량을 리스트에서 삭제한다. 삭제 후 변수 count의 값을 1 감소하고, True를 반환. 만약 전달받은 상품명이 리스트에 없으면 False를 반환
updateItem(uname, ucnt)	변경하고자 하는 상품명과 재고량을 전달받아 해당 상품의 재고량을 전달받은 재고량 값으로 변경한다. 변경 후 True를 반환. 만약, 전달받은 상품명이 리스트에 없으면 False를 반환

실행결과 | 리스트에 상품을 추가하는 과정은 생략되어 있음

```
관리자의 이름을 입력: 정고은
1. 상품 추가
2. 상품 검색
3. 상품 삭제
4. 상품 변경
0. 프로그램 종료
메뉴를 선택하세요: 4

변경할 상품명 입력: 콜라
변경수량 입력: 400
변경되었습니다.

현재 총 2 개의 상품이 있습니다.
현재 상품 재고량: [['콜라', 400], ['우유', 20]]

1. 상품 추가
2. 상품 검색
3. 상품 삭제
4. 상품 변경
```

```
0. 프로그램 종료
메뉴를 선택하세요: 3

삭제할 상품명 입력: 우유
삭제되었습니다.

현재 총 1 개의 상품이 있습니다.
현재 상품 재고량: [['콜라', 400]]

1. 상품 추가
2. 상품 검색
3. 상품 삭제
4. 상품 변경
0. 프로그램 종료
메뉴를 선택하세요: 0

홍길동 님으로 관리자가 변경되었습니다.
```

Summary

Chapter 10에서는 재고관리 프로그램을 통해 지역 변수와 전역 변수, 매개변수 전달 방식, 그리고 재귀 함수에 대하여 학습하였다. Chapter 10에서 학습한 내용은 다음과 같다.

- 변수는 생성된 위치에 따라 지역 변수와 전역 변수로 구별된다.
- 지역 변수는 함수 내부에서 생성된 변수로, 해당 함수 내에서만 사용할 수 있다. 또한, 함수가 종료될 때 생성된 지역 변수는 모두 소멸한다.
- 전역 변수는 함수 외부에서 생성된 변수로, 프로그램 내에 있는 모든 함수가 사용할 수 있다.
- 매개변수 전달 방식에는 크게 값에 의한 전달 방식과 주소에 의한 전달 방식이 있다.
- 값에 의한 전달 방식은 함수 호출 시에 전달인자의 값을 함수의 매개변수에 저장하는 방식이다.
- 주소에 의한 전달 방식은 함수 호출 시에 전달인자의 주소를 함수의 매개변수에 저장하는 방식이다. 전달인자가 리스트인 경우가 주소에 의한 전달 방식에 해당한다.
- 재귀 함수는 함수 내부에서 자기 자신을 재귀적으로 호출하는 것을 말한다.

Chapter 11

성적처리 프로그램

이번 장에서는 다음과 같은 내용을 학습합니다.

성적처리 프로그램 소개

파일 열기와 닫기

파일 읽기와 쓰기

성적처리 프로그램

성적처리 프로그램은 학생들의 이름과 중간, 기말, 과제, 출석에 대한 점수가 저장되어 있는 파일에서 이들 데이터를 읽어 리스트에 저장 한 후, 학생별로 이들 점수들의 총점을 구하여 파일에 출력하는 프로그램이다.

프로그램의 소스코드

```
#입력파일로부터 데이터를 읽어와 리스트에 저장하는 부분
def readData():
    slist = []
    inFile = open('scorefile_in.csv', 'r') ##입력파일 열기
    headline = inFile.readline()

    for line in inFile:
        line = line.rstrip()
        sinfo = line.split(',')
        slist.append(sinfo)
    inFile.close() ##입력파일 닫기
    return slist

#리스트에 저장된 값들을 더하는 부분
def addScores(scorelist):
    sum = 0
    for score in scorelist:
        sum = sum + int(score)
    return sum

```

```
21  #출력파일에 리스트에 있는 데이터를 쓰는 부분
22  def writeData(slist):
23      outFile = open('scorefile_out.txt', 'w') ##출력파일 열기
24      outFile.write('이름\t중간\t기말\t과제\t출석\t총점\n')
25
26      for std in slist:
27          for sinfo in std:
28              outFile.write(sinfo+'\t')
29          outFile.write('\n')
30      outFile.close() ##출력파일 닫기
31      return
32
33  stdlist = readData()
34  for std in stdlist:
35      sumV = addScores(std[1:5])
36      std.append(str(sumV))
37
38  writeData(stdlist)
```

소스코드 설명 줄 1~12는 입력 파일 scorefile_in.csv로부터 데이터를 줄 단위로 읽어와 리스트에 저장하는 함수 readData( )를 정의한다. 이때 csv(comma separated value) 파일은 값과 값을 쉼표(,)로 구분한 텍스트 파일이다. 예를 들어 줄 8에서 한 줄을 입력 파일에서 읽어오면 변수 line에는 하나의 문자열 '김우진,25,30,30,10'이 저장된다. 줄 9에서 split( ) 함수를 사용하여 쉼표 단위로 변수 line의 문자열 값을 분리하면 sinfo는 ['김우진', '25', '30', '30', '10']이 된다. 줄 10에서 sinfo를 리스트 slist에 추가하면 [['김우진', '25', '30', '30', '10']]와 같이 이중 리스트가 된다. 줄 14~19는 리스트 scorelist에 저장된 값들을 더하는 함수 addScores( )를 정의한다. 줄 21~31은 리스트에 저장된 값을 출력 파일 scorefile_out.txt에 쓰는 함수 writeData( )를 정의한다. 줄 33은 readData( ) 함수를 호출하고, 해당 함수가 반환한 이중 리스트를 stdlist에 저장한다. 줄 34~36은 stdlist에 저장된 각 학생에 대해 중간과 기말, 과제, 출석 점수만을 가지고 addScores( ) 함수를 호출하고, 해당 함수가 반환한 점수의 총합을 변수 sumV에 저장한다. 줄 36에서는 sumV를 리스트에서 해당 학생의 출석 점수 뒤에 추가한다. 줄 38은 각 학생의 점수들의 총합이 추가된 리스트 stdlist를 파일에 출력하기 위하여 writeData( ) 함수를 호출한다.

실행결과 설명 입력 파일 scorefile_in.csv에서 각 학생들의 이름과 점수를 읽어 총점을 구한 후, 출력 파일 scorefile_out.txt에 출력하였다. 이때, 프로그램을 실행하면 화면에 출력되는 내용은 없고 실행결과로 입력 파일이 저장되어 있는 폴더에 scorefile_out.txt 파일이 생성되며 메모장과 같은 일반 편집기나 엑셀 등을 이용하여 파일에 저장된 내용을 확인해야 한다.

입력 파일: scorefile_in.csv의 내용

```
이름,중간,기말,과제,출석
김우진,25,30,30,10
박한별,20,25,30,9
김소라,10,25,30,10
이한열,9,18,20,10
이진영,28,25,28,9
박누리,25,25,29,8
한진희,20,29,26,9
한솔,22,20,30,10
나영희,30,28,30,9
김진,30,20,25,10
이영진,12,20,25,10
김주영,18,25,25,9
김소영,24,30,30,8
공원희,29,30,30,10
신승찬,29,25,30,10
이소희,30,28,30,10
한현주,28,27,30,10
김나래,10,20,28,10
천수진,15,10,20,10
안정환,8,10,20,9
```

출력 파일: scorefile_out.txt의 내용

이름	중간	기말	과제	출석	총점
김우진	25	30	30	10	95
박한별	20	25	30	9	84
김소라	10	25	30	10	75
이한열	9	18	20	10	57
이진영	28	25	28	9	90
박누리	25	25	29	8	87
한진희	20	29	26	9	84
한솔	22	20	30	10	82
나영희	30	28	30	9	97
김진	30	20	25	10	85
이영진	12	20	25	10	67
김주영	18	25	25	9	77
김소영	24	30	30	8	92
공원희	29	30	30	10	99
신승찬	29	25	30	10	94
이소희	30	28	30	10	98
한현주	28	27	30	10	95
김나래	10	20	28	10	68
천수진	15	10	20	10	55
안정환	8	10	20	9	47

파일 열기와 닫기

프로그램에서 사용되는 모든 데이터는 기본적으로 메모리에 저장되기 때문에 프로그램이 종료될 때 소멸된다. 따라서 데이터를 영구적으로 저장하려면 디스크 등과 같은 영구 저장장치에 파일로 저장해야 한다.

파일에 저장된 데이터를 읽거나 파일에 프로그램에서 생성된 데이터를 쓰기 위해서는 먼저 open( ) 함수를 사용하여 파일 열기를 해야 한다. open( ) 함수는 파일명에 대한 파일 객체를 반환하고 이를 변수에 저장하여 사용한다. open( ) 함수의 매개변수로는 파일명과 모드(mode)를 지정해야 한다. 만약 파일이 현재 실행 중인 프로그램과 서로 다른 폴더에 있다면 경로(path)와 파일명을 함께 지정해야 한다. 모드는 파일을 어떤 용도(읽기 또는 쓰기)로 열지를 지정하는 문자열이다.

변수 = open(파일명, 모드)

모드	의미	예시
‘r’	파일을 읽기(read) 용도로 연다.	inf = open(‘in.txt’, ‘r’)
‘w’	파일을 쓰기(write) 용도로 연다.	outf = open(‘out.txt’, ‘w’)
‘a’	파일을 추가(append) 용도로 연다.	outf = open(‘out.txt’, ‘a’)

파일을 ‘w’ 모드로 열 경우에 해당 파일이 이미 존재한다면 기존의 내용이 모두 지워지고, 해당 파일이 없으면 새로운 파일이 생성된다. 파일을 ‘a’ 모드로 열면 해당 파일이 이미 존재한다면 기존의 내용 뒤(파일의 끝)에 새로운 내용이 추가되고, 해당 파일이 없으면 새로운 파일이 생성된다.

파일을 'w'모드로 연 후 데이터를 파일에 기록할 경우, 파일이 이미 존재한다면 기존에 있던 파일의 내용이 모두 지워진다. 따라서 사용자의 실수를 줄이기 위하여 파일이 존재하는 지의 여부를 다음과 같이 검사하는 것을 권장한다. isfile( ) 함수는 괄호 안에 파일이 현재 폴더에 존재하면 True를 반환하는 함수로, os모듈에 있다.

```
import os.path
if os.path.isfile('out.txt')                ## 파일이 해당 폴더에
   print('파일이 이미 존재합니다.')           존재하면 메시지를 출력하고
   sys.exit()                               프로그램을 종료한다.

outf = open('out.txt', 'w')
```

파일이 열린 후, 파일에서 읽기 혹은 쓰기는 파일 포인터(file pointer)가 가리키는 위치에서 실행되며, 읽기 혹은 쓰기가 실행될 때 마다 파일 포인터가 이동하게 된다.

프로그램이 종료하기 전에 열려있는 파일 객체를 close( ) 함수를 사용하여 반드시 닫아줘야 한다. 특히, 쓰기 모드와 추가 모드로 파일을 열은 경우 파일 닫기를 하지 않으면 오류가 발생할 수 있다.

변수.close( )

파일 읽기와 쓰기

파일에 저장되어 있는 데이터를 읽기 위한 함수는 다음과 같다. 각 함수는 파일에 저장된 모든 데이터를 문자열로 읽으며, 파일에 여러 줄이 저장되어 있다면 줄 바꿈(\n)기호를 문자열로 함께 읽는다.

함수	의미	예시
read( )	파일에 있는 모든 줄을 읽어 하나의 문자열로 반환한다.	inf = open('in.txt', 'r') strlines = inf.read() print(strlines) inf.close()
readlines( )	파일에 있는 모든 줄을 읽어 문자열 리스트로 반환한다.	inf = open('in.txt', 'r') listlines = inf.readlines() print(listlines) inf.close()
readline( )	파일에서 하나의 줄만 읽어 문자열로 반환한다.	inf = open('in.txt', 'r') line = inf.readline() print(line) inf.close()

만약 readline( ) 함수를 사용하여 파일에 저장된 모든 줄을 읽으려면 다음과 같이 작성한다.

```
inf = open('in.txt', 'r')
while True:
    line = inf.readline()          #readline( ) 함수는 읽은 내용이
    if not line:                   없으면 빈 문자열('')이 반환된다.
        break                      빈 문자열은 파이썬에서 False로
    print(line)                    처리된다.
inf.close()
```

반대로 readlines( ) 함수를 사용하여 읽은 여러 줄을 한줄 단위로 처리를 하려면 다음과 같이 작성한다. readlines( ) 함수의 결과는 리스트이므로, 반복문을 사용하여 리스트 안에 저장되어 있는 문자열을 하나씩 가져와 처리하는 방식이다. 이때 줄 끝에 있는 줄 바꿈 문자를 제거하려면 rstrip( ) 혹은 strip( ) 함수를 사용한다.

```
inf = open('in.txt', 'r')
listoflines = inf.readlines()
for line in listoflines:
    line = line.rstrip()
    print(line)
inf.close()
```

파일에 데이터를 쓰려면 파일을 'w'모드로 연 후, write( ) 함수를 사용한다. write( ) 함수는 문자열로 데이터를 쓰는 함수이다. write( ) 함수는 print( ) 함수와 달리 자동으로 줄 바꿈이 되지 않으므로 '\n'을 write( ) 함수의 괄호 안에 기술해서 줄 바꿈을 해야 한다.

함수	의미	예시
write( )	파일에 괄호 안의 문자열을 기록한다.	outf = open('out.txt', 'w') outf.write('컴퓨터프로그래밍\n') outf.close()

예시문제

```
#1-1
outFile = open('friend.txt', 'w')
outFile.write('김우진\n')
outFile.write('박한별')
outFile.write('김소라')
outFile.close()
```

```
#실행결과로 friend.txt파일이
생성된다.
김우진
박한별김소라
```

```
#1-2
inFile = open('friend.txt', 'r')
lines = inFile.readlines()
print(lines)
inFile.close()
```

```
#실행결과로 리스트가 출력된다.
['김우진\n', '박한별김소라']
```

```
#2-1
outFile = open('employee.txt', 'w')
outFile.write('김세아, 29, 3800 \n')
outFile.write('박문혁, 26, 4500 \n')
outFile.write('이달임, 31, 4000 \n')
outFile.close()
```

```
#실행결과로
empolyee.txt파일이 생성된다.
김세아, 29, 3800
박문혁, 26, 4500
이달임, 31, 4000
```

```
#2-2
inputFileName ='employee.txt'
inputFile = open(inputFileName, 'r')

print('Name', '\t Age', '\t Income')
for line in inputFile:
    line = line.rstrip()
    name, age, income = line.split(',')
    print(name, '\t', age, '\t', income)
inputFile.close()
```

```
#실행결과로 다음이 출력된다.
Name    Age   Income
김세아    29    3800
박문혁    26    4500
이달임    31    4000
```

연습문제

1. 아래 코드의 실행결과를 쓰세요. 오류가 발생하면 오류라고 쓰세요.

```
outf = open('test.txt', 'w')

for i in range(10):
    outf.write(i, '\n')
outf.close()
```

실행결과:

```
outf = open('test.txt', 'w')

for i in range(10):
    outf.write(str(i) + '\n')

inf = open('test.txt', 'r')
lines = inf.read()
print(lines)

outf.close()
inf.close()
```

실행결과:

```
outf = open('test.txt', 'w')

strmsg = '''안녕하세요.
파이썬입니다.
좋은 하루되세요.'''
outf.write(strmsg)
outf.close()

inf = open('test.txt', 'r')
msg1 = inf.readline()
print(msg1)
msg2 = inf.readlines()
print(msg2)
inf.close()
```

실행결과:

```
outf = open('test.txt', 'w')
for i in [10, 30, 5, 20, 9]:
    outf.write(str(i) + '\n')
outf.close()

inf = open('test.txt', 'r')
sumV = 0
for n in inf:
    sumV = sumV + int(n)
print(sumV)
inf.close()
```

실행결과:

```
outf = open('test.txt', 'w')
strmsg1 = '''안녕하세요.
파이썬입니다.
좋은 하루되세요.'''
outf.write(strmsg1 + '\n')
outf.close()

outf = open('test.txt', 'a')
strmsg2 = '''안녕하세요.
자바입니다.
당신도 좋은 하루되세요.'''
outf.write(strmsg2 + '\n')
outf.close()
```

실행결과:

실습문제

1. 입력 파일 msg.txt에 다음과 같이 명언을 저장한 후, 이들 중에서 임의로 하나 선택하여 출력하는 프로그램을 작성하세요.

입력 파일 msg.txt의 내용

```
내 인생의 방해자는 언제나 나 자신이었다.
괴롭고 절망스러웠던 일이 결과적으로 내 삶을 변화로 이끄는 나침반이 되어준 것이다.
타이밍이 올 때까지 기다린다는 것은 타이밍이 안 오면 안 하겠다는 것과 같은 말이다.
한번의 실패와 영원한 실패를 혼동하지 마라.
누구나 저마다의 문제가 있다.
```

실행결과

```
오늘의 명언: 누구나 저마다의 문제가 있다.
```

2. 입력 파일 dictionary.txt에 다음과 같이 영어 단어와 이에 대응하는 한글 단어를 저장한다. 사용자가 영어 단어를 입력하면 대응하는 한글 단어를 출력하는 프로그램을 작성하세요. 입력한 단어가 저장되어 있지 않으면 '입력한 단어가 없습니다.'라고 출력한다.

입력 파일 dictionary.txt의 내용

```
better;더나은
tomorrow;내일
always;언제나
best;최고의
you;당신
```

실행결과

```
영어 단어를 입력하세요: always
'언제나'이라는 뜻을 가진 단어입니다.
```

3. 친구의 이름과 거주지를 입력받아, 파일명이 'address.txt'인 파일에 다음과 같이 출력하는 프로그램을 작성하세요. 이때 이름이 '입력끝'이 아니면 계속 입력 받고, 아니면 종료한다.

실행결과

```
친구 이름: 김동욱
친구 거주지: 서울
친구 이름: 한로운
친구 거주지: 부산
친구 이름: 우현빈
친구 거주지: 서울
친구 이름: 입력끝
```

생성된 파일 address.txt의 내용

```
이름    거주지
김동욱  서울
한로운  부산
우현빈  서울
```

4. 문제3에서 생성된 파일 address.txt에서 데이터를 읽어 리스트에 저장한다. 친구 이름을 입력받아 해당 친구의 거주지를 출력하는 프로그램을 작성하세요.

실행결과

```
친구 이름을 입력하세요: 한로운
내 친구 한로운은 부산에 살고 있습니다.
```

5. 성적처리 프로그램에서 총점을 기준으로 내림차순으로 정렬하는 함수 sortBySum( )과 정렬된 데이터를 기준으로 등수와 등급을 구하는 함수 rankAndGrade( )를 작성하세요. 함수 rankAndGrade( )에서는 A등급과 B등급의 비율을 입력받아 각 등급의 인원수를 계산하는데 사용하며, 비율에 포함되지 않으면 모두 C등급으로 처리한다.

함수	기능
sortBySum(slist)	데이터가 저장된 리스트를 전달받아, 총점을 기준으로 내림차순으로 데이터를 정렬한다.
rankAndGrade(slist)	정렬한 리스트를 전달받아, 등수와 등급을 구하여 리스트에 추가한다.

실행결과

```
A등급 비율: 30
B등급 비율: 40
```

생성된 파일 scorefile_out.txt의 내용

이름	중간	기말	과제	출석	총점	등수	등급
공원희	29	30	30	10	99	1	A
이소희	30	28	30	10	98	2	A
나영희	30	28	30	9	97	3	A
김우진	25	30	30	10	95	4	A
한현주	28	27	30	10	95	5	A
신승찬	29	25	30	10	94	6	A
김소영	24	30	30	8	92	7	B
이진영	28	25	28	9	90	8	B
박누리	25	25	29	8	87	9	B
김진	30	20	25	10	85	10	B
한진희	20	29	26	9	84	11	B
박한별	20	25	30	9	84	12	B
한솔	22	20	30	10	82	13	B
김주영	18	25	25	9	77	14	B
김소라	10	25	30	10	75	15	C
김나래	10	20	28	10	68	16	C
이영진	12	20	25	10	67	17	C
이한열	9	18	20	10	57	18	C
천수진	15	10	20	10	55	19	C
안정환	8	10	20	9	47	20	C

Summary

Chapter 11에서는 성적처리 프로그램을 통해 파일 입출력에 대하여 학습하였다. Chapter 11에서 학습한 내용은 다음과 같다.

- 프로그램에서 사용되는 데이터를 영구적으로 보관하려면 파일에 저장해야 한다.
- open( ) 함수는 파일을 열기 위한 함수로, 파일의 용도에 따라 읽기('r')/쓰기('w')/추가('a') 모드를 지정할 수 있다.
- close( ) 함수는 파일을 닫기 위한 함수이다.
- 파일에 저장된 데이터를 문자열로 읽기 위한 함수로 read( ), readline( ), readlines( )가 있다.
- 파일에 데이터를 문자열로 쓰기 위한 함수로 write( )가 있다.

Chapter 12

C 프로그래밍 언어

이번 장에서는 다음과 같은 내용을 학습합니다.

자료형과 수식, 연산자

조건문과 반복문

함수와 포인터

C 자료형과 수식, 연산자

C는 1972년 켄 톰슨과 데니스 리치가 벨 연구소(Bell Lab)에서 유닉스(Unix) 운영체제에서 사용하기 위해 개발한 프로그래밍 언어이다.

- C는 컴파일러를 사용하며 실행문장의 끝에 반드시 세미콜론(;)을 기입한다.
- 실행블록은 중괄호{ }와 들여쓰기로 구분한다.
- 변수와 함수는 반드시 선언(declaration)을 한 다음 초기화(initialization)나 할당(assignment)을 수행할 수 있다.

C에서 수식은 값과 연산자로 구성이 되며 값에는 정수형과 실수형, 문자형이 있으며 이들은 자료형에 따라 다른 크기의 메모리 공간과 값의 범위를 표현할 수 있다. 연산자의 종류로는 산술연산자, 비교(관계)연산자, 증감연산자, 논리연산자, 비트연산자등이 있다. 아래 표에 일반적으로 적용되는 자료형별 크기와 값의 범위, 그리고 연산자를 보인다.

자료형 / 명칭		크기	값의 표현범위
정수형	char	1바이트	- 128 이상 + 127 이하
	short	2바이트	- 32,768 이상 + 32,767 이하
	int, long	4바이트	- 2,147,483,648 이상 + 2,147,483,647 이하
	long long	8바이트	- 9,223,372,036,854,775,808 이상 + 9,223,372,036,854,775,807 이하
실수형	float	4바이트	$\pm 3.4 \times 10^{37}$ 이상 $\pm 3.4 \times 10^{38}$ 이하
	double	8바이트	$\pm 1.7 \times 10^{307}$ 이상 $\pm 1.7 \times 10^{308}$ 이하
	long double	8바이트 이상	double 이상의 표현범위

분류	연산자
산술연산자	+ - * / %
비교연산자	> < == != >= <=
증감연산자	++ --
논리연산자	&& || !
조건연산자	?:

분류	연산자
비트논리연산자	& | ^ ~
비트이동연산자	<< >>
sizeof연산자	sizeof(형)
대입연산자	=

C로 작성된 프로그램은 항상 main( ) 함수에서 시작하여 그 안에 포함된 명령문들을 실행하고 종료된다. 따라서 프로그램에서 main( ) 함수는 1개가 존재해야 하며, main( ) 함수 내부에서 다른 함수를 호출하는 형태로 구성된다. 라이브러리 함수들을 사용할 때는 이들이 선언되어 있는 헤더 파일(header file)을 이용한다.

입출력을 위한 기본 함수로는 printf( )와 scanf( )가 있다. printf( )는 출력을 담당하는 함수이며 숫자, 문자, 문자열 외에 주소(포인터)를 형식에 맞게 출력할 수 있다. scanf( )는 데이터를 입력받을 경우에 사용하는 입력 함수이다.

printf( )	함수원형	int printf(const char *format [, argument, ...])
	반환 값	출력한 바이트(byte)수를 반환하며, 오류 발생시는 EOF(end of file)를 반환. 반환 값은 거의 사용되지 않음
scanf( )	함수원형	int scanf(const char *format [, address, ...])
	반환 값	입력에 성공한 필드(field)의 개수를 반환. 입력된 내용을 읽던 중 EOF를 만나면 EOF를 반환. 반환 값은 보통 사용되지 않음.

다음 예를 통해 두 함수의 작동 방식을 확인해 보자.

```
#include <stdio.h>

int main(void) {
    char name[10];

    printf("Hello world\n");
    printf("What is your name?\n");

    scanf("%s", name);

    printf("It is good to meet you, %s\n", name);
    return 0;
}
```

조건문과 반복문

C에서도 조건문과 반복문으로 if 조건문과 while 반복문, for 반복문을 사용할 수 있으며, 이들을 중첩하여 중첩 조건문과 중첩 반복문으로 표현할 수도 있다. if 조건문과 while 반복문의 경우 사용 문법이 파이썬(Python)과 거의 동일하지만 for 반복문의 경우는 사용 문법과 용도가 많이 달라 사용 시 주의가 필요하다. 다음은 조건문과 반복문에 대한 예이다.

종류	문법	사용 예시

if 문	if (조건식){
	  실행문장;
	}
		int score = 100;
		if (score >= 90){
		  printf("Your grade: A\n");
		}

if else 문	if (조건식){
	  실행문장1;
	}
	else{
	  실행문장2;
	}
		int score = 85;
		if (score >= 90){
		  printf("Your grade: A\n");
		}
		else{
		  printf("Your grade: B\n");
		}

if else-if else 문	if (조건식1){
	  실행문장1;
	}
	else if (조건식2){
	  실행문장2;
	}
	else{
	  실행문장3;
	}
		int score = 75;
		if (score >= 90){
		  printf("Your grade: A\n");
		}
		else if(score >= 80){
		  printf("Your grade: B\n");
		}
		else{
		  printf("Your grade: C\n");
		}

while 문	wihle(조건식){
	　실행문장;
	}
		int cnt = 10;
		while (cnt > 0){
		　printf(“CountDown: %2d \n”, cnt);
		　cnt--;
		}

for 문	for(초기식 ; 조건식 ; 증감식){
	　실행문장;
	}
		for (int cnt = 10; cnt > 0; cnt--){
		　printf(“Count Down: %2d\n”,cnt);
		}

다음 예를 통해 반복문의 작동 방식을 확인해 보자.

```
#include <stdio.h>

int main(void){

    int a = 1, b = 1;
    int aplus, plusb, cnt = 0;

    while (cnt++ < 5){
        aplus = a++;
        plusb = ++b;

        printf("a    aplus    b    plusb \n");
        printf("%1d  %5d  %5d  %5d \n", a, aplus, b, plusb);
    }

    return 0;
}
```

```c
// 1~9 사이의 숫자를 입력받아
// 구구단을 출력하는 프로그램 작성하기

#include <stdio.h>

int main(void){

    int dan = 1;
    int input_num = 0;

    // 1~9 사이의 값 입력
    while (input_num < 1 || input_num > 9){
        printf("1~9 사이의 값을 입력해주세요. :");
        scanf("%d", &input_num);
    }

    while (dan < 10){
        printf("%d × %d = %d\n", input_num, dan, input_num*dan);
        dan++;
    }

    return 0;
}
```

함수와 포인터

C에서는 기존에 제작되어 제공되는 라이브러리 함수와 사용자 정의 함수를 사용할 수 있다. 라이브러리 함수의 경우 함수의 원형(prototype)이 저장되어 있는 헤더 파일을 불러와서 사용만 하면 되지만 사용자 정의 함수의 경우에는 함수의 선언, 정의, 호출을 모두 실행해야 한다.

함수의 선언은 사용자 정의 함수를 사용하기 위해 컴파일러에게 함수의 원형을 알려주는 것이고 함수의 정의는 함수가 수행해야 하는 내용을 구체적으로 작성한 것으로 함수 바디(body)에 함수에서 사용하는 변수나 연산식, 각종 함수 호출문 등의 실행문장을 작성한다.

마지막으로 정의된 함수는 호출을 해서 실행하며 함수에 값을 전달할 수 있다. 함수의 호출은 값에 의한 호출(call by value)과 주소에 의한 호출(call by address)로 구분할 수 있는데 값에 의한 호출은 실제 값을 매개변수에 전달하여 호출하는 방식이고 주소에 의한 호출은 주소를 전달하여 호출하는 방식이다.

함수(원형)선언	데이터 형 함수이름(매개변수);

함수 정의	데이터 형 함수이름(매개변수){
	변수선언;
	실행문장;
	[return 변수 또는 수식;]
	}

함수 호출	함수이름(전달인자);

반환값이 없는 void함수

```
#include <stdio.h>
void line_print(viod);
int main(void){
   line_print();
   return 0;
}
void line_print(void){
   prinf("----");
}
```

반환값이 있는 함수

```
#include <stdio.h>
int add(int x);
int main(void){
   int n, sum;
   printf("1부터 10까지의 합\n:");
   sum = add(10);   // 함수 호출
   printf("정수합 : %d\n", sum);
   return 0;
}
int add(int x){
   int i, result = 0;
   for(i = 1; i <= x; i++)
      result += i;
   return result;
}
```

```
#include <stdio.h>
#define NAME "GIGATHINK, INC."
#define ADDRESS "101 Megabuck Plaza"
#define PLACE "Megapolis, CA 94904"
#define WIDTH 40

void starbar(void); /* prototype the function */

int main(void)
{
    starbar( );      /* use the function */
    printf("%s\n", NAME);
    printf("%s\n", ADDRESS);
    printf("%s\n", PLACE);
    starbar( );
    return 0;
}
```

```
void starbar(void)   /* define the function */
{
    int count;
    for(count = 1; count <= WIDTH; count++)
        putchar('*');
    putchar('\n');
}
```

C에서는 파이썬의 리스트와 같은 자료 구조로 배열(array)를 사용할 수 있다. 동일한 자료형을 갖는 여러 개의 데이터를 연속된 메모리 공간에 저장하여 사용 관리할 수 있다. 배열에는 1차원 배열, 2차원 배열 등이 있으며, 인덱스(index)를 사용하여 값에 접근한다. 배열의 크기를 나타낼 때에는 대괄호를 사용하며, 값을 나열할 때는 중괄호를 사용한다. 다음은 1차원 배열을 선언하는 방법이다.

배열 선언 방법	사용 예시
배열 크기만 선언	int arrayA[4];
배열의 초기화	int arrayA[4]={15, 17, 27, 32};
배열 초기화에서 배열 크기 생략	int arrayA[]={15, 17, 27, 32};

2차원 배열은 두 개의 대괄호를 사용하여 값을 표현하며, 첫 번째 대괄호에는 2차원 배열 중에서 행(row)를 표현하고 두 번째 대괄호에는 열(column)을 표현한다. 다음은 2차원 배열의 예이다.

```
int mat[3][3]={{3, 8, 6}, {4, 1, 7}, {5, 2, 9}};
int mat[3][3]={3, 8, 6, 4, 1, 7, 5, 2, 9};
int mat[][3]={3, 8, 6, 4, 1, 7, 5, 2, 9};
```

다음 예를 통해 배열에 잘못 접근하는 경우에 대해서 알아보자.

```c
#include <stdio.h>
#define SIZE 4

int main(void) {

    int v1 = 44;
    int arr[SIZE];
    int v2 = 88;
    int i;

    printf("v1=%d, v2=%d\n",v1,v2);

    for(i = -1; i <= SIZE; i++)
        arr[i] = 2 * i + 1;

    for(i = -1; i < 7; i++)
        printf("%2d %d \t\t %p\n",i,arr[i], &arr[i]);

    printf("v1=%d, v2=%d\n",v1,v2);
    printf("v1=%p, v2=%p\n",&v1,&v2);

    return 0;
}
```

C에서 포인터(pointer)는 메모리에 저장된 데이터의 주소를 가리킨다. 포인터 변수는 변수가 저장된 주소만을 저장하며 일반 변수와 동일하게 사용하기 전에 반드시 선언을 해야 한다. 포인터 변수를 선언하는 방법은 간접(indirection)연산자 *를 사용한다. 이때 자료형은 포인터 변수가 가리키게 될 주소에 저장된 자료형을 가리킨다. 아래의 예를 통해 포인터 변수의 선언과 사용에 대해 알아보자.

```
#include <stdio.h>

int main(void){
    int * ptr;          //포인터 변수선언
    int num1 = 10;      //int형 변수 num1 선언 후 10을 저장
    int num2;           //int형 변수 num2 선언

    ptr = &num1;        //num1의 주소를 ptr에 저장
    num2 = *ptr;        //ptr주소의 값을 num2에 저장
    printf("num1: %d, num2: %d", num1, num2);

    return 0;
}
```

아래 예를 통해 포인터 변수의 선언과 함수에서의 주소 값의 변화에 대해 알아보자.

```
#include <stdio.h>

void test(int);
int main(void){
    int test1 = 2, test2 = 5;

    printf("in main(), test1=%d,&test1=%p\n", test1, &test1);
    printf("in main(), test2=%d,&test2=%p\n", test2, &test2);
    test(test1);
    return 0;
}

void test(int test2){
    int test1 = 10;
    printf("in test(), test1=%d, &test1=%p\n", test1, &test1);
    printf("in test(), test2=%d, &test2=%p\n", test2, &test2);
}
```

포인터는 자료형에 대한 주소 값을 저장하고 있기 때문에 연산하는 경우 일반적인 산술 연산과 달리 자료형에 대한 주소 값을 기반으로 연산을 하게 된다. 정수형 자료가 저장된 경우 포인터 연산은 하나의 정수가 저장될 수 있는 공간인 4byte를 기준으로 연산을 수행한다. 포인터는 배열의 주소나 메모리 공간의 주소를 표현하게 되므로 정수로만 표현될 수 있으며 실수 연산은 불가능하다. 아래의 예를 통해 포인터 연산에 대해 알아보자.

```
#include <stdio.h>
#define SIZE 4

int main(void){

    int dates[SIZE];
    int * pti;
    int idx;

    double bills[SIZE];
    double * ptf;

    //배열의 주소를 포인터에 할당
    pti = dates;
    ptf = bills;

    printf("%22s %15s \n", "short", "double");

    for (idx = 0; idx < SIZE; idx++){
        printf("pointers + %d %10p %10p \n",
        idx, pti+idx, ptf+idx );
    }

    return 0;
}
```

C에서 함수를 호출할 때, 값을 전달하는 방식과 주소를 전달하는 방식이 있다고 앞에서 설명하였다. 다음 예제를 통해 포인터를 이용하여 주소를 전달하는 방식으로 함수를 호출하는 경우에 대해서 알아보자.

```
#include <stdio.h>

int addbyvalue(int a, int b){
    int c;
    a = 100;
    b = 200;
    c = a + b;
    return c;
}

int addbyaddress(int *a, int *b){
    int c;
    *a = 100;
    *b = 200;
    c = *a + *b;
    return c;
}

int main(void){
    int x = 10, y = 20, res;

    res = addbyvalue(x, y); //값에 의한 호출
    printf("%d %d %d\n", x, y, res);

    res = addbyaddress(&x, &y); //주소에 의한 호출
    printf("%d %d %d\n", x, y, res);
    return 0;
}
```

Summary

Chapter 12에서는 C 프로그래밍 언어에 대해 학습하였다. Chapter 12에서 학습한 내용을 정리하면 다음과 같다.

- C는 컴파일러를 사용하며 main( ) 함수로 시작하여 헤더파일에 선언된 변수와 함수를 이용하여 구동된다.
- C는 실행문장의 끝에 반드시 세미콜론(;)을 기입하며, 1개 이상의 실행문장들을 묶어 블록을 구성할 수 있다. 실행블록은 중괄호({, })와 들여쓰기로 구분한다.
- 변수와 함수는 반드시 선언을 한 다음 초기화나 할당을 수행할 수 있다.
- 사용법이 다르기는 하지만 if 조건문와 while 반복문, for 반복문 등을 사용할 수 있다.
- 포인터(pointer)는 C의 특징적인 부분으로 변수에 할당된 메모리의 주소 값을 불러와서 사용한다.

Memo

집필진

—

한양대학교 공과대학 공학교육혁신센터 조교수 **원정임**

한양대학교 공과대학 공학교육혁신센터 조교수 **조호성**

프로그래밍
이론과 실습

—

Python & C for Engineering Students

—

Hanyang University Innovation Center For Engineering Education

펴낸날 2022년 2월 20일 초판 1쇄

지은이 원정임·조호성 ● **펴낸이** 김우승

펴낸곳 한양대학교출판부 ● **출판등록** 제4-7호(1972.2.29)

주소 서울 성동구 왕십리로 222 ● **전화** 02.2220.1432-4 ● **팩스** 02.2220.1435

홈페이지 press.hanyang.ac.kr ● **이메일** presshy@hanyang.ac.kr

본문디자인·편집 김민지 ● **표지** 안광일 ● **인쇄** 네오프린텍

값 **18,000** 원

ISBN 978.89.7218.740.0 (93000)